浮世烦恼

先生！
每日けっこうしんどいです
元サラリーマン精神科医が
みんなのモヤモヤに答えてみた

［日］尾林誉史 著
おばやし たかふみ

张铃 译

中国出版集团
中译出版社

感觉自己的工作没有意义,好郁闷……

被别人牵着鼻子走,不开心……

不能肯定自己,好难受……

总是羡慕别人的人生,不快乐……

医生!

我每天都好痛苦,怎么办才好!?

咦?轮到我出场了吧!

写在开头

曾经的公司的累赘业务员,现在的精神科医生

"职场的人际关系真麻烦。"
"我虽然明白必须努力,但是我努力不起来。"
"那个人做什么都很顺利,我就干啥啥不行。"

任何时代,职场人的烦恼都无穷无尽。
你打开本书,说明你也想过"说真的,相当痛苦……"吧!
请允许我做一个迟到的自我介绍。我是精神科医生、职业健康医师尾林誉史。

我的经历有点不一般。因为我在大学毕业以后,进入了普通企业工作,一直做销售工作,直到30岁。

我一直在问自己真正想做的事情是什么,最后辞职了。我30岁时进入大学医学专业学习,作为精神科医生积累了研修与实际经验,如愿以偿地成为职业健康医师。

本书中详细说明,我做公司职员时,完全是签不到合同的无能业务员。当时干得相当辛苦,有时候甚至差点就昏倒了,精神也达到了极限。

我在这样的人生中遇到了许多烦恼,过着不好不坏的庸俗的日子,其中也走过很多弯路。也正因为如此,我相信,本书的读者与我有着几乎相同的视角。

我的工作是让人开开心心地工作

你知道"职业健康医师"这个职业吗?职业健康医师是在企业里管理职员健康的医生。在人们关注精神健康的今天,他们也被刮目相看……

我个人认为,职业健康医师的工作目标是让人开开心心地工作。身体和心灵,只要有一个情况不好,人就不能开心吧。为了让更多的员工能够开心地工作,我们"职业健康医师"会守护着大家。

对了,显然,职业健康医师也是医生,但是和平时大家在医院遇到的医生不同,职业健康医师不做"临床",也就是不做诊断与处方工作。

那么我们做什么呢?比如,确认职场的卫生环境、体检结果等。更重要的工作是关于健康方面的咨询、停职休息咨询之类的面谈业务。职员身体不好的时候需要找我们商量,有必要停职休息的时候,我们会对休假时间长短给出建议。

现在(指2021年4月左右,编者注),我在15家公司担任职业健康医师,每年和大约600人进行面谈。

除此之外,我还在自己的诊所里从事精神科医生的工作,每年接待约3000人。

也就是说,作为职业健康医师和精神科医生,我每年大概要接待3000人到4000人。我已经做了约10年的医生,诊疗了数以万计的患者。

我自己都感到惊讶，这个数字不小啊！

* 在日本，职员达到 50 人的企业有义务以工作场所为单位聘请职业健康医师。

 感到烦恼或不安，是正常的

经历了为这么多人的护理与诊疗之后，我注意到，"人只要活着就无法回避不安"。

无论看上去多么顺风顺水，完全没有烦恼的人生是不存在的。每个人都会有烦恼或不安，我甚至认为，思考烦恼、感到痛苦，这才是人的常态、人的本性。

尽管如此，不知道为什么，很多人把烦恼和不安当作"不好的东西"。他们倾向于认为，这些是不应该存在的。我认为，这种想法当然有可能使人更加烦恼与不安。

烦恼与不安是理所当然的，人可以深深地烦恼，当然也可以和很多人商量，诉诉苦衷。

如果能够带着平常心看待烦恼与不安，我想，人就能够更加轻松地活下去了吧！

另外我注意到，"如果改变看法，有时候烦恼就会突然消失。"

打个比方：假设有一只天鹅在湖面上游泳，优雅得如同在水面上滑动一般。而在水面下，它不停在啪嗒啪嗒地用力踩着水。水面下的情况和人们看到的形象完全不同。

"烦恼"也和这只天鹅一样。对于某个你不太喜欢的的人，如果你改变看法，可能会发现这个人也有优点。内心压抑不住怒火而令你感到烦躁的事情，从另一个角度来考虑的话，你或许就会想，算了，有时候也会发生这种事情，从而头脑迅速冷静下来。

通过新的视点，烦恼会不成其为烦恼。这种事情，出乎意料地多。

 希望你珍惜每一段经历及其之后的成长与喜悦

帮助读者找到新的视点，这是我的工作，也是我写这本书的目的。

本书将常见的职场人的烦恼分为五类，这是我作为精神科医生、职业健康医师的经验进行的分类和排序。因为同时介绍问题案例与解决问题的方法，相信对每位读者都应有所助益。

第一章　聚焦人生价值与内心的烦恼。 每个时代，都有无数的人对于自身性格、生活方式怀有不安。

第二章　聚焦人际关系的烦恼。 有名的精神科医生、心理学家阿尔弗雷德·阿德勒主张"所有的烦恼都是因人际关系的问题而生的"，从这句话里也可以看到，很多人为此类事情而烦恼。

第三章　聚焦生活的烦恼。 在这里，我列出了由于时代、环境的原因而产生的烦恼，由于略为突出的个性导致的生活上的烦恼等。

第四章 聚焦工作的烦恼。本章列举了打工人在职场中的众多烦恼。

第五章 聚焦日常的烦恼。本章提及了不经意间显露出来的日常生活中的不安与迷茫。

为了尽量解除各位的烦恼，在本书的回答部分中，我提出了很多"略微不同的视点"。

希望阅读本书的各位读者能够卸下肩上的重担，发出：
"原来烦恼的不止我一个人啊！"
"原来可以这么想啊！"
"这位医生这么说真的没问题吗？（笑）"
之类的感叹后会变得轻松一些。这对我来说是无上的喜悦。

目录

第一章 人生价值与内心的烦恼

第一位	为别人的失败而暗自高兴	3
第二位	唠家常却被人以为是说坏话	7
第三位	找不到自己真正想做的事情	11
第四位	不知道自己能做什么	15
第五位	周围的人都很厉害，但是自己什么都不会	19
第六位	不知道怎样才能找到自己的强项	21
第七位	总是觉得自己"反正做不到"	23
第八位	尽管知道不合理，但还是会忍耐	25
第九位	对于无法努力的自己怀有罪恶感	27
第十位	光找借口	29

专栏　我的人生价值寻找之路［上篇］——34

第二章 人际关系的烦恼

第一位	总是会想起讨厌的那个人	41
第二位	被人牵着鼻子走	45
第三位	无法在职场说真心话	49
第四位	无论说什么都会被否定	53
第五位	总是被周围的人搞得焦躁不安	57
第六位	不会说话，把气氛搞冷了	61
第七位	过于专注工作，和家人相处得不好	65
第八位	容易嫉妒别人	69
第九位	总是不能和同事打成一片	71
第十位	为了不被领导讨厌而努力	73

专栏　我的人生价值寻找之路［下篇］ ——— 78

第三章 生活的烦恼

第一位	没有自我认同感	85
第二位	羡慕别人的人生	89
第三位	自己没有才能也没有潜能,过得好辛苦	93
第四位	疲于迎合别人	97
第五位	觉得自己是高敏感人群(HSP)	101
第六位	总是因为自己的直率而吃亏	105
第七位	不太理解"自己"	109
第八位	介意各种各样的事情,无法集中精神	113
第九位	不能信赖他人	117
第十位	不想被别人看到自己脆弱的一面	121

专栏　身为职业健康医师和精神科医生 ——— 126

第四章 工作的烦恼

- 第一位　感觉不到工作的价值 —— 133
- 第二位　远程办公令人不安 —— 137
- 第三位　工作不顺利，很难受 —— 141
- 第四位　介意领导与公司的评价 —— 145
- 第五位　没法顺利指导下属 —— 149
- 第六位　努力了却得不到肯定与认可 —— 153
- 第七位　得不到希望担任的工作 —— 157
- 第八位　想要辞职，却怎么也下不了决心 —— 159
- 第九位　忍受不了工作压力 —— 161
- 第十位　无法熟悉工作 —— 163

专栏　为了保持零压力状态，精神科医生所做的事情 —— 168

第五章 日常的烦恼

第一位	为了一点点小事就焦躁不安	175
第二位	不知道怎样才能好好休息	179
第三位	休息日也因为介意工作不能安心休息	183
第四位	太忙了,无法放空自己	187
第五位	家并不能给我安心感	191
第六位	想到年过六十还要继续工作就很郁闷	195
第七位	没有兴趣爱好,休息日只会睡觉	199
第八位	有想做的事情,但是没有时间	203
第九位	忘不掉一些气人的事情	205
第十位	难以入睡	207

专栏　给不愿意去精神科门诊的你 ———— 212

最后的话 ———— 216

第一章

人生价值与内心的烦恼

前十位

在任何时代,
都有无数的人,
觉得自己不好并为之烦恼

个人价值与内心的烦恼

第一位

为别人的失败 而暗自高兴

我有个在工作中能够互帮互助的同事。我们同时进入公司,关系不错。但是我发现,有时候我有些自己都讨厌的情绪。前几天,这个同事反常地在工作中犯了大错,我一边迅速参与接手同事的工作,一边暗自对同事的失败而高兴。我讨厌这样的自己。

(20多岁的女性)

只要不说出口
完全不成问题

 "为别人的失败而暗自高兴"是那么恶劣的事情吗？

并不是！各位读者，你们活得好认真呀！有这个疑问，也说明了各位读者都是善良的人。别人失败的时候，自己内心有点高兴，是多么恶劣的事情吗？我倒是觉得，完全没问题。

可能有人会反驳我，"为别人的失败而感到高兴，说明自己心胸很狭窄，这难道不是件坏事吗？"的确，气量大的人与别人同喜同悲，这是人的理想状态。但是有时做不到这样，这种情况是很普遍的。而且，我在这里打包票地说"没有问题"的前提是"没有说出口"。

 坏心眼如果仅限于"心怦怦跳"，那没有问题！

"活该""看到你失败我很高兴"之类的话，如果说出口就的确是完蛋了，你会非常讨人嫌。但是，我想你不会这么做吧！

来找我咨询这个问题的善良的人压根不会做这么充满恶意

的事情。如果是这样的话，就原谅一下这个偶尔对别人抱有小小恶意的自己吧。

退一步讲，人是通过产生这样的负面情绪，才能保持心理平衡的，不是吗？

话虽这么说，人常常会产生"比起他人，自己更好""比起那家伙自己更顺利"这样的念头来确认自己的作用与价值，这种确认或好或坏，多少带有比较的意思。人就是这样活着的。

当然，如果经常感到"如果自己不在绝对的最高点就不满足"，那就是一种傲慢；反过来，一直觉得"别人都比自己优秀"，那就太自卑了。话说回来，如果日常性地把自己和别人相比，考虑这考虑那的，是心理上的一种不健全。

不过，偶尔在心中稍微蔑视一下谁，使一下坏，作为保持自己心态平衡、获得前进勇气的"手段"，是可以有的。

为什么这么说呢？因为是"内心"，就没有伤害到任何人，不会引起麻烦。也就是说，把这种心理作为保持自己心理健康的一种手段，其实是非常优秀的、老练的做法。

过于要求自己做好人的话，其实不太容易获得心理平衡

因此，如果能满足"偶尔""内心"这样的条件，我想说，你的烦恼其实完全不成问题。

但是，一定也有一些人，不允许自己为自己开脱。这样的人，可能是钻入"我必须要做好人"的牛角尖里了。

他们肯定严格遵守"不能说别人的坏话""不能嫉妒别人"这样的伦理观与常识。

这当然是非常令人尊敬的。但是，一直保持这样的心态，不会感到疲劳吗？感到疲劳的，只有我一个人吗？

人们所遵循的行为规范、规则之类的东西，有时候有可能会成为一种他本人的紧箍咒。令你苦恼的，是不是行为规范、规矩之类的东西呢？

人活着，"平衡"是很重要的。偶尔脱离一下轨道，在内心小小讥笑一下别人的失败，吐一下舌头，每个人都会有这样的时候。

如果一直有这样的心态，那性格的确是有点不太好，但是如果是偶尔这样，完全没问题。这是正常的。这样的事情，不会被归入"看不起人"的行列。

划重点

- 对于别人的恶意，只要没有说出口就不用为之感到烦恼。
- 自己内心的常识、行为规范、规矩，有时候会成为一种紧箍咒。
- 不用过分追求做绝对善良的人。

个人价值与内心的烦恼

第二位

唠家常却被人以为是说坏话

我想和人唠唠家常,但是被别人批评说,"你这是说坏话吧!""你想说什么?"我完全没有这个意思,但是从那以后,就有点介意。但是,因为是唠家常,如果不提到别人的事情,就没有话题可说了。我明明没有说坏话的意思。

(30多岁的女性)

比起谈论别人的事情，更多地谈论自己的事情吧！

 说别人的事情，容易被听成是坏话

想唠家常，却被人理解为是说别人坏话。这种事情，其实并不少。这是案例本身的问题呢，还是话题的选择有问题呢，还是说话的方法有问题呢？

从结论开始说吧，这是因为，你把话题的主语定为"他人"而不是"自己"。

如果你说"我做了什么什么，然后怎么怎么想"，那聊天的对象能轻松理解你想说什么。但是，如果你只说"谁谁做了什么什么"，对方得不到关于你自己的信息。正因为这样，别人容易揣测"你想说什么？"

而且，如果你只说别人的缺点、失败之处等负面的话，那么别人自然会想，啊啊，这个人把别人说得那么不好，结果不过是想抬高自己罢了。

你没有对自己的说话方式，感到丝毫的不合适吗？

如果"并不是坏话",那么你真正想说的内容是什么呢?

没法谈论自己的事情,是因为没有自信

怎样才能避免让别人觉得自己是在说别人的坏话呢?那很简单,只要说自己的事情就好了。

对方想要和你聊天,是想要听你自己的事情。因此,请你把自己展示给对方吧。其他人的事情,稍微提一句就可以了。

但是有时候,这种类型的人在别人问"你干了什么?""你说说自己的事情吧"之后,就突然不想说话,变得老实起来了。

你认为是为什么呢?我觉得,可能是因为对自己没有信心。

"我的事情没有价值。"

"谁都对我的事情没有兴趣。"

这种人是不是这么想的呢?当然,这是完全没有的事情。

让我们说自己的事情,开心地聊天

说得稍微严肃一点儿,只谈别人的事情的人,有将那个话题当作"吸引对方兴趣的手段"的想法。或许,这种人真正的想法是希望对方能认真听自己说话。

但是,那是每个人都有的纯粹而切实的愿望。每个人都希望其他人能理解自己,每个人都希望与别人分享自己的想法。

很多人通过与家人、朋友或者关系亲密的同事交谈来实现这个愿望,但是也有遇不到能够帮助自己实现这个愿望的人。

这样的人，有时候太希望别人听自己说话，无意识中用"说别人坏话"这种苦肉计来吸引别人注意。啊，对不起，我用了"坏话"这两个字，说话的本人应该是没有这个意思的吧。

因为说别人的坏话，相对就轻松地抬高了自身的价值。比方，"谁谁在工作中犯了这样的错误（但是我不会）""谁谁夫妻关系不好（不过我没有任何问题）"，都是有言外之意的。

这或许是人无意识的流露，但是也有可能，人们通过这种绕弯子的做法来满足自己被别人肯定的欲望。

总之，主观意见因人而异，但是从说别人的事情引出话题这种聊天方式不是太好，这一点是确确实实的。

首先，从说自己的事情开始聊天吧，祝你能够和对方愉快地谈话。

划 重 点

- 说别人的事情，容易被当成是坏话或八卦。
- 说自己的事情，说"我"的事情。
- 不用想"没人对我有兴趣"。

> 个人价值与内心的烦恼
>
> 第三位

找不到自己真正想做的事情

我今年 30 多岁了,但是找不到自己真正想做的事情。我感觉自己对于工作,与其说是非常开心或者喜欢,不如说是出于某种惯性在继续着。我觉得这样下去不行,但是这样想只会更加焦虑,无法改变任何事情。

(30 多岁的男性)

一般来说，
不那么容易找到
真正想做的事情！

 名为"一定要赶紧出成果"的诅咒

首先，工作上重要的是"意愿（Will）、能力（Can）、义务（Must）"这三点。自我分析的表格里也有这部分，因此可能有读者听到过这些。换而言之，就是"想做的事情、能做的事情、必须做的事情"。

你说"找不到自己真正想做的事情"，是的，这没问题。你现在不是正在寻找"意愿"的途中嘛！完全没有问题。

我这么说，有人有可能会说："唉！不要说得那么轻描淡写的嘛。"那我就再补充几句吧。

很多人都会为此而烦恼，但是我想说的是，想做的事并不是那么容易就能找到的。为什么这么说呢，各位读者有没有想一辈子做的事情呢？

我想，这时能够肯定回答："是的是的，我有！"的人并不是那么多。正因为如此，所以不必焦虑。

当然，我理解你焦急的心情。身处追求速度的网络社会中，想要的东西一下单，当天就能送到手上；想知道的事情检索一下，一瞬间就能明白，总之，生活的时间成本大大缩短了。

如果习惯了这样的生活，想要尽量抄近道而不想要绕多余的远路也是理所当然的。"花长长一段时间，一点一点接近想要做的事情"之类的慢条斯理的话，也被人所忌惮吧。

想做的事情并不是那么简单能够找到的

然而，我在这里重复一遍，真正想要做的事情，并不是那么容易找到的。因为，如果不试一下各种事情的话，并不知道自己是不是真正想要做那个事情。摸索需要时间，具体要多久因人而异，但是一般来说都会花上一些时间。

说起来可能有点自负，但是给出这个建议的我，找到现在的工作位置，也绕了很大一个圈子。具体请参照 34 页的专栏，读了以后你可能就会想"啊，是这么一回事啊"，但是正是因为我绕了一个可谓是非常任性的大圈子，才有了今天的我。也正因如此，我有了一辈子做现在工作的决心、接受感与使命感。

继续竖起天线来

有人可能很轻松地就能找到自己的天职或者想做的事情。而这样的人之所以受人瞩目，正是因为少见。一般来说，没有那么容易能够找到的。

只要坚持一直找下去，就一定能找到。不能放弃，重要的是内心一直竖起"要找到真正想做的事情"的天线。在日常生活中，坚持留意自己喜欢什么事情，思考一下那个人的工作价值在哪里，在逐渐理解各种不同工作的内容并尝试的时候，不知不觉中名为"选择"的尺子就会慢慢地被磨成形。

这样，到了某个时候，你该走的道路就会突然显现出来，或者在事后，你会意识到，原来是这条路啊！

每个人找到自己想做的事情所花费的时间、过程都各不相同，但是通过和自己好好对话找到"真正想做的事情"的融洽感，或者说那种接受感，是非同一般的。道路越是曲折，这份喜悦越大。关于这一点，我可以用我的经验来保证。

也就是说，你现在正在寻找"意愿"的路上。这样的状态绝不是不好的。以后回头来看，它一定是有意义的。请安心地、坦然地继续寻找想做的事情吧！

划 重 点

- 即使不会马上有结果也没有关系。
- "真正想做的事情"是在不断探索中找到的。
- 坚持一直寻找下去就一定能找到。请期待那时候的喜悦与接受感吧！

个人价值与内心的烦恼

第四位

不知道自己能做什么

我所在的公司是所谓的"黑心公司",所以我想要跳槽。但是到了跳槽的时候,想想什么公司适合自己,却找不到答案。不知道自己能够做什么,于是我只好停留在原地。

(20多岁的女性)

比起思考"能力",
不是更应该思考"意愿"吗?

 比起"能力",我们更优先"意愿"

上个问题是关于"意愿、能力、义务"里"意愿"的问题,而下面谈关于"能力"这个问题。

"能力",也就是说技能,从获得一定的评价、为了生活下去获得财产的角度来说是非常便利的。因此,在考虑换工作的时候,这是一个非常重要的因素。但是在这里,我要强调一下,与其思考"能做什么",更应思考"想做什么"。

为什么这么说呢?因为"意愿"是想要做的事情,与动力、干劲之类的紧密相连。难道你不认为,这是对于人工作,甚至说活着非常重要的因素吗?如果没有意愿、动力,而只有孤零零的"能力",会让人觉得有些虚无。

 只要持续保持意愿,能力会跟上来

在这里我想要努力说服各位的是,只要有"意愿",完成这件事的"能力"会主动跟上来，或者说会自然而然地获得。

比如"医生"这个工作。"我想要亲手拯救患疑难杂症的病人！""遇到交通事故，医生把我从死亡线上拉了回来。我也想成为那样的人！"如果有这样的"意愿"的话，即使再讨厌学习，也会为了拿到执业医师资格而努力。无论是痛苦的考试也好，研究也好，都会去努力。反过来说，如果没有意愿，那么努力会变得相当辛苦，有可能半途而废，事情就是这样。

不仅如此，没有"意愿"的"能力"，也就是仅仅依靠技能与能力生活，那么"能力"不会有更大的进步。

如果对于已有的"能力"怀有自满或者满足之心，那么这种能力有可能变得陈旧。

但是，如果是有"意愿"的"能力"，那么这种"能力"的提升就前途无量。

从我个人的经历来说，开始能够找到职业健康医师和精神科医生工作的平衡，但是后来想要进一步发展精神科医生的工作，所以开了诊所。开了诊所以后自己就不仅仅是医生，还必须以管理者的身份工作，比如法务、财务。

这些我全都不知道，也做不了，但是，不得不做。因为我有"想要开诊所"这样的"意愿"，所以只能努力拓展自己的"能力"，我也体会到了相应的工作意义。

"意愿"的有无也会影响个人魅力

我还想再次强调，比起满足于"能力"的人，有"意愿"

的人更棒。

这句话听上去有点儿像爆行业的黑料,因此我说得比较隐晦。从事医生这种职业的人,一旦拿到执业医师资格证,就会得到各种各样的宠爱。

我看到社会上一些医生出现了不良行为,都会想到"这样的人真令人遗憾",尽管这样有点失礼。因为有执业医师资格证、社会声望之类的优秀的"能力",应该不会受困于生计。但是没有自身意愿与思想的"能力",我认为是行不通的。也就是说,"意愿"是反映那个人生活状态、人性魅力的。

一般情况下,"能力"是非常容易看到且被评价的。我很理解你想要以这样的"能力"为武器的想法,但是从长远来看,扎扎实实地保持"意愿"会加分。我建议,用"意愿"带领"能力",培育"能力"。

划重点

- 优先考虑与工作、生活相关连的"意愿"。
- 没有"意愿"的"能力"很有可能无法得到提升,还有变陈旧的危险。
- 以"意愿"带领"能力"的形式来培育"能力"吧!

> 个人价值与内心的烦恼
>
> **第五位**

周围的人都很厉害，但是自己什么都不会

经过求职，我成功进入了最想去的公司。但是，开始实际工作以后，我发现和我同时进入公司的同事、前辈、领导都非常厉害，我觉得自己和他们不是一个水平的。我好像根本没法拿出和他们相似的成绩，于是每天都被自卑感所困扰。

（20多岁的男性）

停止向上看吧!

 "可持续"地尊敬

觉得周围人"好厉害啊""我好尊敬他们"的感情不是坏事,但是一直抬头仰望会令人疲劳。同样是尊敬,在对自己不构成损失、可持续的状态下尊敬就好。

尊敬的恰到好处的标准是,能够让自己产生"真不错,不知道什么时候,我也能成为那样的人"这样的正面想法,也就是具有积极向上的心态。

张皇失措或者不知所措、被自己的自卑与疲劳感所影响的是没有意义的尊敬。"周围的人好厉害"等于"自己是废物"的想法,会渐渐伤害你的自信心,是很可怕的。

马上有意识地停止自己去想"好厉害啊"这种压垮自己的感觉。我想,你是谦虚吧,其实不用事事都觉得别人"好厉害"。

划重点

- 如果仰望他人会令自己自卑,那么不如不仰望。

个人价值与内心的烦恼

第六位

不知道怎样才能找到自己的强项

我希望能够用自己的强项去工作那会很幸福,但是对于自己是不是有这样的"强项",我并没有自信。我应该如何发现自己的强项呢?

(20多岁的女性)

拥有强项这件事情是一个过程

 把强项当作后天的东西来考虑吧!

和15页的烦恼"不知道自己能做什么"相似,这也是关于"能力"的提问。

只要不是神灵附体的才能或特殊能力,人自己也不知道"能力"这种东西在哪儿。大多数的人为了把自己的强项转变成你所看到的那样强,花费了相当多的时间。也就是说,获得"能力"是有一个过程的。因此,与其现在总在思考"自己的强项在哪里",不如思考"什么样的强项能够支持自己""拥有什么样的强项我能够度过一个有意义的人生",从而倒过来选择一个强项。

现在这个时代,结果被无比重视。但是我个人认为,"过程"也是非常重要的。获得的过程对自己来说越困难,最后拿到的东西就越珍贵,就越会感到它的价值之高。能够这么想的"能力"才有可能成为你真正的强项,不是吗?

划 重 点

- 从"什么样的强项能够让自己变得更为丰富"出发思考吧!

个人价值与内心的烦恼

第七位

总是觉得自己"反正做不到"

领导经常鼓励我说:"再多挑战点儿新事物吧!"但是我会丧气地想,"反正我也做不到。"从小我就不是喜欢挑战新事物的性格,我也不想在工作上做出很大成绩,所以也没有什么成绩。我怎样才能拿出干劲呢?

(30多岁的男性)

多多积累失败经验!

 多多失败，没问题!

总想着"反正也做不到"的人，看上去是失败了很多次所以畏畏缩缩的吧。但是，根据我的经验，其实在这类人里，有很多是从一开始就什么都没有做的人。

你大概也是这个类型的人吧。但是，这是非常令人可惜的。因为，根据我的经验，挑战即使失败，失败得越多，之后的成功概率会越高。这是真的!

为什么这么说呢？因为经验值得到了提高，锻炼了"嗅觉"。连爱迪生都说："我没有失败过，我只是找到了一万个'行不通的办法'。"

我不是说惜败而归哦! 正因为有了一万次的经验，所有的判断标准也培养起来了，更重要的是，找到成功方法的"嗅觉"也被锻炼了。年龄越大越会在意自尊、体面，会想要回避风险，但是无论多少岁，"失败"都会成为自己的血肉。

划重点

- 即使失败也没有关系，积极挑战，锻炼"嗅觉"吧!

> 个人价值与内心的烦恼
> 第八位

尽管知道不合理,但还是会忍耐

我习惯于忍耐,即使我无法接受的事情我也会忍耐。前几天,在电话里遇到了故意找茬的人,被领导误解,斥责道:"还不是因为你平时对客户态度不好才这样的吗?"虽然我无法接受,但是想到即使我辩解也没有意义,最终我选择了沉默。但是,一直留有几分不愉快的心情。

(30多岁的女性)

"说出来是一时之耻，不说是一生之耻"

 忍耐的结果是什么？

在被训斥的时候，直白地回嘴非常轻松，但是的确也有说不出口的时候。如果这是因为对方是那种"无论我说什么都不会听的"类型的人的话，"换人"可能是上上策。还有的办法是，把事情告诉可能听取你的话的人，或者让别人替你申诉等。

如果不是这样，而是对任何人都说不出口的话，那么你首先需要问问自己："为什么我一直这么忍耐着呢？"恐怕，是因为有着不想把事情搞砸或者引起纠纷让自己难受就不好了的心理吧。

我很能理解这种心情，但是如果一直压抑自己真正的情绪的话，对心理健康并不好。过于忍耐、过度烦恼是患上心理疾病的危险因素。因此，从长远来看，对你有害无益。我想说的是，借用"请教是一时之耻，不请教是一生之耻"这句俗语的形式，"说出来是一时之耻，不说是一生之耻"。

划重点

● 停止"过度忍耐"和"过度烦恼"。

个人价值与内心的烦恼

第九位

对于无法努力的自己怀有罪恶感

现在正是盛年,应该努力工作,我是这么想的,但是没有落实到行动上。我忍不住会想,眼下没问题就好,每天潦草工作完事。但同时,我对这样的自己有相当深的罪恶感。

(30多岁的男性)

不行动无法前进

 无法努力是因为害怕出不了结果

无法努力的原因可以是"已经太努力了,超负荷了",但是看上去咨询人不太像是这个原因。如果是这样,那或许是被周围的人或事所打倒,退缩了吧。莫不是被"必须要出结果"这种强迫性观念所难了吧?如果努力了而没有结果,会导致蒙羞,或者领导会生气……这么想着,努力本身都变得可怕了起来。

但是在考虑能不能出结果之前,你忽视了努力本身的价值。努力着的身影与努力的过程,都是有意义的。

"虽然这么说,但是如果没有结果就没面子了。过程更重要,这是漂亮话而已"。捧着书的你请注意,如果不努力,是不会有结果的哦。这不是感不感到有罪恶感的时候,而是不要把罪恶感当作不努力的理由,总之先尝试一下,有这个觉悟,行动起来的话,人生才会进步。

划重点

- 如果不努力,就不会有结果。

个人价值与内心的烦恼

第十位

光找借口

一旦事情进行得不顺利,或者没有得到理想中的结果的时候,就会不自觉地找借口。有时候,预感到不会进行得很顺利的话,开始做之前就会找借口,降低自己的期待。我知道这是一种明哲保身术,但是不经意间自己就会说出"做不了的原因"。

(30多岁的女性)

如果知道"如何动真格的",就不需要找借口了

 学习"如何动真格"

不自觉地光找借口的人,其实是不知道"如何动真格的"。因为一旦动真格,就不能找借口了。想象自己如果做得不好,被人说"什么呀,你就这点水平呀",就很害怕自己动真格的。最终,不知道怎样才能动真格了……

与此同时,也有可能是没有体验过内心战栗或者缺乏感动能力。因为没有认真地与事物碰撞过,所以所得到的体验也不是什么非常了不起的。

综上分析,如果要我给出建议,那就是尝试着去经历一些毛孔都打开的内心战栗的体验,或者寒毛直竖的感动的体验吧!可以去看看绝美的景色,也可以从小事做起去经历感受"完成啦！"的挑战。在积累这样的体验的过程中，就会理解比起"结果"更有价值的是"过程"这句话，也就没有必要找借口了。顺带说一句，推荐和其他人一起共同经历这种体验，不局限于自己一个人的体验，会让人感到更有价值。

划重点

- 努力体验，感受"过程比结果更有价值"。

人生价值与内心的烦恼
前十位

第一位 | 为别人的失败而暗自高兴

→ 对于别人的恶意,
只要没有说出口就不用为之感到烦恼。

第二位 | 唠家常却被人以为是说坏话

→ 说自己的事情,说"我"的事情。

第三位 | 找不到自己真正想做的事情

→ 即使不会马上有结果也没有关系。

第四位 | 不知道自己能做什么

→ 优先考虑与工作、生活相关连的"意愿"。

第五位 | 周围的人都很厉害,但是自己什么都不会

→ 如果仰望他人会令自己自卑,
那么不如不仰望。

第六位 | 不知道怎样才能找到自己的强项

→ 从"什么样的强项能够让自己变得更为丰富"出发思考吧!

第七位 | 总是觉得自己"反正做不到"

→ 即使失败也没有关系,
积极挑战,锻炼"嗅觉"吧!

第八位 | 尽管知道不合理,但还是会忍耐

→ 停止"过度忍耐"和"过度烦恼"。

第九位 | 对于无法努力的自己怀有罪恶感

→ 如果不努力,就不会有结果。

第十位 | 光找借口

→ 努力体验,
感受"过程比结果更有价值"。

我的人生价值寻找之路

上篇

 我的人生绕了很多弯路

如同在"写在开头"里我略微提到过的那样，直到30岁，我一直在普通企业里从事销售工作。30岁重新进入大学医学专业学习，作为精神科医生积累了实际经验，如愿以偿成为职业健康医师。

我想，有很多孩子与年轻人都梦想成为医生，但是"想要成为职业健康医师"的人可能不太多。这是有着原因的。

接下来，我会详细地解释我成为职业健康医师的原因。从我入职普通企业以来，就对自己的进退感到非常烦恼，绕了很多弯路。我的人生是完全不合理、没有效率的。

但是，正因为我绕了那么多弯路，所以我想我能够充分地理解众多普通企业内工作的人的心情。

我曾经烦恼多多时，自称"Mr 寻找自我"，在这里想讲讲为什么我会成为职业健康医师。

烦恼的大学时代

我的弯路是从进入大学的时候开始的。我在公开场合没怎么说过，其实我曾考入某大学但是中途退学，然后考入了东京大学。因为第一次考入的不是真心希望进入的学校，所以虽然入学了，但是心里依然闷闷不乐，就重新参加了高考，我就是这么一个麻烦的人。

但是进入了东京大学理科专业学习后，我觉得自己想要在更加感性甚至艺术的世界中生活，想要从事广告文案写作这个职业，虽然学的是理科。

我参加了广告文案培训讲座，去大型广告代理商那里应聘，但是没有被录用。我没有放弃，等了一年，再一次参加了对应届毕业生的招聘，还是没有成果。唉……

与此同时，在一家从事人力资源相关行业的公司的应聘考试中，我被问到"你想要做什么呢？"当时的自己吞吞吐吐说不清楚。"找工作"是为了寻找自己能做而且"想要做的"工作，但是自己压根连"想要做的是什么"都不知道，我受到了相当大的震撼。

觉得自己成为了公司的累赘

然而很幸运的是，这家公司录用了我。我想这也是缘分，就决定进入这家公司了。当然那里没有广告文案这个职位，我想，只要不是看上去很辛苦的销售职位，其他哪个都行。然而，公司把我安排在了新事业部做销售，我明明说了"希望除了销售以外的职位"的……

这份工作做得一点儿都不好。虽然我拼命去做,但是完全没有成绩。因为我喜欢和人讲话,所以能和人约到商谈的机会,但是不能引导客户签合同。每次都止于对于客户来说是"一个很好的聊天对象"这一步。

工作方式也异常艰辛,有好几次差点昏倒,精神上也达到了极限。我觉得自己成了公司的累赘,这种心胸狭隘的想法渐渐扭曲变形,最终,想辞职的念头在脑海中挥之不去。

在那时候,我反复问自己,自己的强项是什么?我想要做什么?为了本书所列出的类似的事项烦恼至极。疏理自己的长处,思来想去只有一个。

那就是"和人说话"。

为什么这么说呢?我和人说话不感到累,甚至有时候能和客户深入地聊上几个小时,导致连末班电车都没赶上。

此外,和公司内部的同事、团队伙伴商量事情也是,一连聊上好几个小时是家常便饭。而且,我仅仅是听别人说,然后看到别人高兴地对我说"这下轻松了,谢谢",才发现原来连着几个小时听人讲话是自己的强项。

如何才能发挥"喜欢和人说话"的特长?

但是也有人会说,那又怎么样呢?我并不知道如何在工作上发挥这个强项,或者找什么工作比较适合。

想着"是不是做心理咨询比较好",我尝试着去了培养心理医生的学校。但是，获得能够在临床一线工作所必须的"临床心理咨询"资格证书，必须要去读研究生。

而且，这个工作所面对的人群非常广泛，如育儿妈妈、临终老人、为朋友关系所烦恼的学生等部分对当时的我来说完全陌生。

但是，我的优点在于无论如何都不会放弃，不能就此终结自己寻找自我的旅程，我继续往下想。

我想，既然我是那种听人说话让人高兴之后自己也会感到高兴的人，那么比起出风头的工作，自己可能更适合支持别人的工作。于是，我找到企业里可以说是"无名英雄"的做人事、劳务工作的人，反复问他们"你们这个工作有意义吗？"现在想来，我真是毫不知耻地问了非常失礼的问题。但是即使这样，也没有得到什么启发。

我抱着巨大的决心来寻找有可能适合自己的工作的线索，但是怎么也遇不到让我觉得"就是它了！"的工作。忽然有一天，命中注定的那个瞬间降临了。

第二章

人际关系的烦恼

前十位

所有的烦恼皆源自
人际关系吗?
本章为你解答。

人际关系的烦恼

第一位

总是会想起讨厌的那个人

在同事中,有一个非常不好对付的人。这个人是比我大三岁的前辈,经常指点我一些细节。被人盯着的感觉令我不愉快,但是这个人比我年纪大,又不是坏人,所以也没法应付了事。我每天去上班想到有这样一个前辈在,都觉得不开心。回到家以后,也会情不自禁地想到这个人,没法放松。

(30多岁的女性)

试着模仿一下那个人，如何？

 越讨厌一个人，越介意这个人的原因

我很理解你的感受。越是讨厌那个人，目光越是会不由自主地追随那个人，介意那个人的一言一行。"如果能够无视这个人就好了，但是……"你自己也是这么想的吧。

对了，你是讨厌对方的哪一点呢？是因为对方总是指点你呢，还是感到被盯着而感到讨厌呢？总之要稍微深究一下这个"为什么"会比较好。

到我诊所的患者中的很多人也有这个烦恼。我会向他们反复提问上面的问题。不过其实，最后的答案大多会落到"因为和自己不一样"上。如果是自己绝对不会这样做，但是对方会这样做；自己绝对不会说的话，但是对方会说，等等。说到底，这是因为"和自己不一样"而产生的违和感、厌恶感，所以理所当然会介意对方。

不介意"不同"的方法

我来介绍一下解决这个问题的独家秘方,直言不讳地说,就是"试着模仿对方"。

你会不会觉得,这个人很讨厌,我怎么做得到模仿这个人?因为,没有人会去模仿自己讨厌的人。

以这次的案例来说,"模仿"可以让你去注意到你平时不曾注意到的细节,然后告诉那个前辈你所注意到的细微之处。

如果尝试了,但是没有取得理想效果的话,那就想着"当然啦,因为我的做法比较好",请对自己的做法抱有信心。

话虽这么说,但其实正是因为内心深处有一丝"对方所说的也有一点道理吧"的想法,才会生起讨厌的念头。

无论是谁,都希望别人肯定自己的做法是正确的。正因为这样,所以才讨厌让自己感到事情并不一定是这样的人。

也就是说,如果对自己的做法具有绝对的自信,那就不会介意与自己不同的人。

将模仿与提高相联系吧!

反过来,试着模仿了以后,有可能会出现让人觉得"啊,看上去不错"的结果。

如果是这样的话,那就坦率地承认"啊,运气真好!""原来还有这种方法啊！"并接受它。

接受它之后，你有可能会被周围的人表扬或积极评价。如果是这样，那么你有可能会对模仿的人感到抱歉，觉得有点对不起这个人，甚至还有可能会萌生一分感谢。

什么？你说没有这么谦虚的心态？那，即使是这样，"讨厌得不得了"那种条件反射般讨厌的心情也会减轻一点吧。

"模仿对方"并不是劝你把对方树立为高高在上的榜样，然后恭敬谦虚地向榜样学习。

这种模仿顺利的话，你能够接受对方的做法，即使不顺利，也能够减轻你讨厌那个人的心情，所以请一定要试试。

划重点

- 人容易对与自己不一样的人感到介意，怀有厌恶感。
- 试着模仿一下对方看看。
- 如果对自己有着绝对的信心，就不会介意"差异"。

人际关系的烦恼

第二位

被人牵着鼻子走

我总是被人牵着鼻子走,没法自己做决定。比方说工作中,领导、同事、客户的想法不一样,我不知道优先考虑谁的,结果项目进展缓慢,这种事情经常发生。自己在的生活中也是如此,被父母、朋友们的想法所左右,一直非常疲倦。

(20多岁的男性)

拥有判断的标准比较好

 不管怎么说,拥有"自己的意见"吧!

被人牵着鼻子走,说明你比较客气,不善表达自己的想法。但是,即使不能表明自己的想法,也不能够靠他人的想法来决定事情。他人的想法如果只有一个的话还不难,如果有好几个的话,应该优先考虑谁的呢?这就头疼了。

为了避免发生这样的情况,你应该有自己的想法。你是否会想,"如果表明自己想法的话,讨论不是会变得更加复杂、更加难以决断了吗?"不不不,并不是这样的。

比如说,除了自己以外,还有小张和小王两个人的想法。那你认为,判断这两人意见优劣的标准是什么呢?

是的,是"你的想法",它是判断小张和小王想法的基准。

很有可能,至今为止你就是没有这个标准,所以没法作判断。换言之,你自己的想法是决定事情、推进事情的基础。

提出自己的主张,并不是厚颜无耻的事情

即使我这么说,依然有很多人认为有自己的想法、提出自己的主张是一种"厚颜无耻""厚脸皮"或者"自我意识太强"。

但是,在我看来,"想法"这个东西,并不是为了说服谁或者抬高自己的工具。

归根结底,每个人都有自己的个人意志,也有自己的想法。这不是为了特立独行,也不是吵架或者驳倒对方的武器。

这么想来的话,"自己的想法"可以想象为判断事物的尺度。

这么想的话,"自己的想法"是不是可以有的呢?

 讨论变得不可收拾的时候的要点

"好,我要有自己的想法!这样事情就可以进展得很顺利了!"你可能会这么想。恭喜,首先迈出了重要的一步。但是,遗憾的是,即使有自己的想法,讨论也有可能误入歧途、变得不可收拾。

在这里,我给你传授几个小诀窍,专门应对进行不下去的讨论。

- 设定一段休息时间,或者改天再谈。

- 不要勉强自己当场做决定。

- 如果感觉到"讨论没有向好的方向发展",那就下定决心,告诉在场的其他人自己的这个感觉。

● 私下联系掌握主动权的人，请他好好把握一下议论的方向。

开会或者是做决定的时候，即使每个人都有自己的想法，议论有时也会向不好的方向发展。如果过于注重于必须要做决定，那么"做决定"变成了目的，而"得出正确的结论"这一原本的目的就容易被敷衍了事。

在这时候，如果感到讨论没有朝着正确的方向前进的话，隔一段时间再讨论也是一种好方法。"想要快点搞定"这种心情我也很理解，但是重要的不是"做决定本身"而是"得出正确的结论"。

另外，关于讨论的方向，如果你无论如何都感到不安的话，那就下定决心，把这种担忧说出来，找到和自己想法相同的人或者其他什么方法，有可能一下子就把现场的气氛转换过来。不太擅长表达自己主张的人，可以找有领导力的人来代言。

做决定是非常辛苦的工作，不要一个人烦恼，一定要借助周围人的力量。

划重点

- "自己的想法"并不是说服别人或者捧高自己的手段。
- 自己的想法是比较他人想法的标准，一定要有自己的想法。

人际关系的烦恼

第三位

无法在职场说真心话

我在职场上，大力支持同事间的沟通和个人的心理援助，有很多机会可以将自己的想法说出来。这本身并没有什么不好，但是在工作中很难亮出自己，为此我感到困扰。即使是在和领导的当面交谈中，我也没法说出真心话。我怎样才能说出真心话呢？

（30多岁的女性）

不用勉强说出真心话

 "可以说真心话的人" 不需要有很多

请记住,真心话这种东西,不说也罢。我觉得,不说真心话并没有问题。

"表现自己个性""亮出本真的自己"被人们看作是能干的成年人的社交技巧。然而,你不觉得这是有点酸的说法吗?我个人认为,这是没有必要的。

在这个世界上,有一两个能够聆听你的心声的人,就已经是幸福的事情了。我相信大家并没有拥有那么多心心相印的朋友。

即使恋人、夫妻、家人、好朋友比较有可能成为这样的人,但是从人数上来看,我想也不会很多吧!

说出真心话的好处

除此之外,说真心话也是一件要相当有胆量的事情。
真心话不是只有花里胡哨,也有很多含糊不清的东西。

所以在说真心话的时候,人们一定会暗自担心"我这么说会不会被对方鄙视啊""不会被别人当傻子吧"。即使这样,能下定决心开口,是因为从心底信任对方、信赖对方。

不仅如此,人们想要通过和别人分享自己的真心话来得到一种"安心感"。大家如果光在嘴上说漂亮话会感到疲劳,所以偶尔会想要和别人说说无聊的话,互相肯定一下难为情的自己。

这是通过与他人分享自己的想法,来得到"自己不是一个人""我能被别人理解"这种感觉。向别人诉说真心话最大的作用,就是这一点。

 ## 没有必要"原原本本"说

这么想来,如果你认为这个人并没有让你有"安心感",却又对这样的人说了真心话,岂不是本末倒置吗?
所以,对于不想说真心话的人,完全可以不说。

或许有读者会这么说:"并不是我不想说,而是我想说但是说不出口。"

请这样的读者现在问一问自己，为什么说不出口呢？

或许是"害怕说了真心话会被否定"，或者"不想伤害别人"。

我觉得在那种情况下，面对只建立了"害怕说""说的话可能会被否定"程度的关系的人，不用勉强说真心话，就很好。

培养出信赖关系以后再说，不是更好吗？

如果不仅是职场上的人，而是"在这个世界上我不能和任何人说出真心话"，那么我的回答会有所不同。如果仅限于职场的话，那么我的结论是，没有必要勉强自己对着自己无法感到安心的人说真心话。

如果有读者真的觉得自己在这个世界上不能和任何人说出真心话的话，第三章的"不能信赖他人"部分的回答（117页）可能会对你有参考价值。请翻阅那部分。

划重点

- 说真心话是相当难的事情。
- 可以分享真心话的人，在这个世界上有一个就够了。
- 没有必要勉强对着无法令自己感到安心的人说真心话。

人际关系的烦恼

第四位

无论说什么都会被否定

我有个同事,无论我说什么,都只会反馈给我否定的信息。我以为只要不和这个人有牵扯就好,但是现在,我们在同一个项目组里,在一段时间内会打交道。我一想到我们在同一组就感到消沉,而且总是被否定的话,感觉我的自信心都会被打击。

(20多岁的女性)

在心里暗自感叹一句"这人多么令人遗憾"吧!

 偶尔会出现的"有缺陷"的人

嗯,这样的人,有的,有的。看上去好像说得很冠冕堂皇的,但是仔细听听,对所有的事情都表示否定。和这种人一直在一起的话,自己的生机好像都会被抽走,我也觉得不行。

最好不要和这种人有瓜葛,但是也会有像你那样的情况,因为某些原因,不得不打交道。这时候,我教给大家一个好办法,这是我一直使用的办法。

要是我有机会和这种"有缺陷"的人打交道的话,我就一直会在心里感叹:"真是令人遗憾的人,好可怜啊!"

对了,这得是心中想哦!要是真说出口的话就成为不得了的大事了。

其他值得推荐的碎碎念有:"这个人,真的是令人遗憾!""为什么有这样差劲的人呢,真是可怜……"诸如此类。

在心中,像演员一样把这样的台词念出来。这样的话,就会稍微舒坦一些。

心中悄悄地鄙视这个人吧

重点在于,要"喜剧般地否定",也就是类似嘲弄的感觉。这样的话,在"鄙视"对方之后就不会介意了。

如同第一章的"为别人的失败而暗自高兴"(第2页)所提到的那样,保持自己内心的平衡是非常重要的。这种即兴的话并不是说出来给对方听的,只是想让自己也微微一笑。

捧杀对方,这是保持自己心理健康的高等技巧。

顺便提一句,需要注意的是"真的去死就好了""我要杀了你,你给我小心点"之类的过激话语是不能用的。

为什么这么说呢?这种话像锐利的刀,会损害到你自己的心理健康。

虽然这种话很有冲击力,可能让人感到痛快,可是之后自己会意识到"自己居然会想做这么残忍的事情""居然希望别人去死,我真是气量小",这样其实最终伤害的是自己。

 改变不了别人,所以自己保护自己

偶尔也会遇到一些"有缺陷"的人,但是一眼并不能看出他们的"缺陷"。表面看来,这种人思路清晰有条理,但是会让人感到"咦?真的是这样吗?"认真地聊了一会儿后,不知不觉会被对方带偏,觉得"虽然我不是很清楚,但是好像是不是我错了?"

面对这样的让人心惊胆战的、脑子转得非常快又以自我为中心、自我辩护类型的人,也没有必要胆怯。

忍耐住自己渐渐跌向低谷的心情,相信自己的感觉,嘲弄下对方:"这个人真聪明啊!就是……好麻烦啊!"当然,是在心里默默地嘲弄。

有可能不仅是你,其他人也会疏远"有缺陷"的人。因为这种人就是"要注意的人物"及"危险品"。

完全没有必要被那种人支使。要是我遇到这样的人,也会和周围的人一起展开"那种人啊,走在路上鸽子屎准会掉在身上"之类毫无根据的吐槽。这样,大家都"啊哈哈"地笑起来,这样不就轻松了吗?

对于自己说什么都会否定你的人,如此应对就可以了。这样,心理压力也比较小,其他人也可以开开心心的。

划重点

- 对于"有缺陷"的人的言行,不用认真接受。

- 在心里,笑着否定一下,轻松一下。

- 不使用同时会伤害到自己内心的话。

人际关系的烦恼

第五位

总是被周围的人搞得焦躁不安

我有很多同事我行我素,我看到他们懒懒散散地敷衍工作的样子就生气。另外,和朋友见面时,每次朋友都发同样的牢骚或者自夸,我就很焦躁。我怀疑这是因为自己的性格比别人更较真,我总想责怪别人为什么不能好好做事情,一想到这些我一直很焦躁不安。

(30多岁的女性)

承认别人做得好的地方，和善一点吧！

 不能和善对待别人的原因

非常严格地对待别人。这是对自己、对别人都很严格的一类人所容易陷入的一种模式。

不能够和善地对待别人，是因为自己感受到相当大的压力，没有余地。所以，正常情况下，首先对自己和善是很重要的，但是因为做不到，所以陷入了这一种境地。

越是在这样的时候，越要对别人和善。要实现对人和善，不用去设想非常高大上的事情，从在电车上给老年人让座，对需要帮助的人施以援手这种普通的小事做起就可以了。

和善地对待别人，自己也会开心，内心的空间就会增加。这种亲切与和善会在社会中循环，不久后会回到自身。即使自己不对自己和善，但是别人和善对待了自己，也会增加内心的空间。

善意理解别人的言行

这样做以后,你也会用和善的眼光去看待身边让你焦躁不安的人。为此,有意识地找到他们的优点、做得好的地方吧。比如,你说自己的同事"懒懒散散地敷衍工作",这是不是通过你的滤镜所见到的印象呢?

有时候,人一旦判断对方"是这样的人"以后,就会歪曲事实,看不到应该看到的事物。或许从其他人的角度来看是"懒懒散散"的同事,身上却拥有"工作做得很快""待人接物非常稳重"之类的优点。如果你事先把同事判定为"这一定是懒懒散散",那么有可能就完全看不到另外一面。

面对别人将要发作的时候,自己对自己踩一下刹车,叫一句"等一下!"然后思考一下这个人没有做得很好的一面吗?这个人没有优点吗?

事物都有两面性,所以把你觉得不好的那一面反过来看,必然能够注意到好的一面的存在。

 满足自己被承认的欲望

如果注意到了对方好的一面,那么再进一步,请告诉对方这一点。"你这一点做得很好!""你一直做得很好呀!"即使是很小的一点也没关系。

听者也不会不高兴,在你遇到麻烦的时候可能会帮助你,会拥有一起工作很开心的心情,以及对你抱有善意与积极正面的态度。

从这里出发，你和对方之间"和善"的循环就开始了。

对了，对自己和对他人都很严格，容易焦躁不安的人，可能往往内心有一种"希望别人认可自己"的欲望，想要获得别人的积极评价。

但是很遗憾，如果不从自己做起，向社会释放自己的和善，就很难被人和善对待或认可。

而且在日常生活中，也请有意识地满足自己获得承认的欲望。比如从别人的角度来积极地肯定自己"做得不错嘛！""我正在努力呢！"等。

我也频繁地肯定自己。"没人像你这么努力，好厉害！""干得很好呀，其他人和我没法相比呀！"

实际上，是否与别人相比是无所谓的事情。辛苦的时候，来自自我的"表扬"会振奋自己的心灵。

可能因为我经常这么做，所以积累的压力不大。看到好事我就马上会表扬周围的人，所以我的周围非常平和。

划 重 点

- 对自己、对他人都很严格的人容易焦躁。
- 有意识地去寻找自己介意的人的优点及可取之处。
- 与其期待来自他人的评价，不如通过自我表扬来满足自己被承认的欲望。

人际关系的烦恼

第六位

不会说话，把气氛搞冷了

我非常不会说话。工作中别人征求我的意见时我也说不好；和闺蜜小聚，别人让我说点儿什么我也不知道说什么好。我还担心自己说了什么奇怪的话招别人反感。但是，别人要我发言而我没法回应的时候，气氛变得有点尴尬，让我觉得不好意思。

（20多岁的女性）

不用特意想着说合适的话

 决定发言好坏的是他人

我很能理解这种发言时"想说点儿合适的话"的心情。但是这种意愿过于强烈的话,就不知道说什么好了。

而且,判断发言内容好坏这件事,基本上是别人做的。有没有觉得没有说什么不合适的话,但是周围可怕地沉默了的情况呢?反过来,也会有是自己诚惶诚恐不知道这么说有没有问题,但是说完以后获得大家好评的事情吧。

记得,作判断的不是自己,所以,考虑"说点儿合适的话",其实并没有多大意义。

 不用特地考虑如何说合适的话

虽然这么说,但是的确有人能够说出让听众情不自禁地表示赞同的尖锐意见,或者考虑得非常周到的话。我很理解大家"我要是能说出这样的话就好了"的憧憬。

但是,如果是这么想的话,更加需要积极发言,积累一定量的发言次数。

如果不输出,就不会有反馈。通过"说这样的话会有什么反应"的学习,你的发言质量才会提高。

为了积累经验,开始的时候先把"想要说些合适的话"这个欲望放在一边吧。然后把自己所想所感直接说出来。没事的,没有言外之意的直率发言,不会被人理解为恶意的。

不仅如此,被表扬或评价并不是"说出想法"的目的。如果那是最大的目的,那即使是我,也会感到害怕而不敢发言了。

积累到一定程度,习惯于将自己的意见说出口之后,就会有一种"这个好像能说""这个还是不说了"这样的直觉,这就是经验所赠予我们的礼物。

同时,自信会一点一点地增加。对于发言这个行为来说,"自信"是非常重要的。特别是像你这种类型的人,可能缺乏的就是自信。

同时具备"想象力"与"自信"

会说话,还有一个重要的因素是"想象力"。

周围的人需要什么,在想什么。我说什么,他们会感到什么。如果有这样的想象力,就可以大幅降低说离题的话的概率。

过去的我,虽然有自信但是缺乏想象力,经常自以为是地毫无顾虑地发表意见，说出"绝对是这样的，因为我是这么认为的"这样谁都不会接受的话。正因为如此，所以很难在工作中出成果。后来我在工作中，理解了想象力的必要性，渐渐养成了揣摩对方想法的能力。

想象力，也就是"为别人考虑的能力"。你这种类型的人，我猜测，和我不同，其实很有可能非常擅长这一方面。因为，越是能感知现场的气氛，越是能够为别人考虑。很有可能是因为介意对方是怎么想的，对方会怎么想自己，所以犹豫着发不了言。

如果是这样，你需要的就只是"自信"了。没关系的，这是通过积累，渐渐培养起来的东西，所以要下定决心发一下言。

划重点

- 难以说出自己想法，是因为自己过于想要说些合适的话。
- 逐步积累，得到反馈的话，发言的质量会得到提高。
- 注重"想象力"与"自信"，积极发言！

人际关系的烦恼

第七位

过于专注工作，和家人相处得不好

我的努力工作得到了承认，被提拔到了公司的管理岗位。这是我自己原本的愿望，因此想要更加努力。但是，可能是因为我比之前回家更晚，休息日也因为疲劳而总是在睡觉，家里人看我的目光都是冷冷的。我这么努力，为什么他们不能够理解我一点呢？

（30多岁的男性）

你也想象一下家人"努力"的样子吧

 积极向家人解释努力工作的"原因"

感到工作有价值而努力工作是一件非常好的事情。但是,过于积极工作的话,就有可能掌握不好工作和家庭生活之间的平衡。

首先我想问的是,"你努力工作的原因"里,有没有把"家人"放进去?

你肯定会回答"那是当然的啦!"的确,"想要给家人更好的生活""想要让孩子受到良好的教育"等,结了婚的人正因为多少有这种照顾家人的想法,才会拼命努力工作。

然而,这种想法你有没有好好地告诉家人呢?"这是当然的事情,我不说他们也知道。""他们看了就懂了,这不是要说出来的事情。"如果你这么想的话,那就稍稍有点超前或者落后于时代了。心里想的,如果不说出来,对方是不可能知道的。

你明明为了家人那么努力地工作,如果不告诉他们的话,是非常可惜的。

如果说的话，就用一种能让他们"同感"的方式

也有人虽然告诉家人"我是为了你们而努力工作"却得不到家人理解。

那有可能是因为没有得到对方的"同感"。

"我是为了挣让你们安心生活的钱而工作的。""我为了你们这么努力工作了，休息日就让我好好睡一觉吧！""我很努力所以当然很累呀！"这样单方面的说法，是得不到对方的同感的。或许这的确是事实，但是对方感觉不到对自己的照顾之心。

为了让对方感觉到照顾之心，我举下面这样的例子。

"为了让你们能够安心生活，我想要这样（如晚上晚回家等）去努力工作，你觉得怎么样？"

"我想买房子，也想挣很多钱，所以我正在努力。但休息日会比较疲劳，想要好好休息，这样的话，你会不会为难？"

不仅要说出自己的主张，重要的是，确认对方的心情与状态。这样，你的照顾之心对方就比较容易感受到了。

双方确认"角色分担"与"努力"

男主外，女主内。所有的人都遵守这个规定的时代已经结束了。当今时代，家庭是无论性别，所有成员一起参与组建的，

如果有孩子的话，育儿也是大家共同的工作。虽然这么说，但我认为不同的家庭对工作、家务、育儿可以有不一样的分担或比重。但是，大前提是，它们的内容与规则要在家庭所有成员间商量、交换了意见之后，双方能够"接受"才行。

进一步，即使双方在接受的基础上出色地完成了自己的角色分担，也要经常感谢对方努力与所分担的任务，如果不是带着尊重对方的心情，很难维持家庭和平。

顺便给大家介绍一下，在充分沟通之后我家庭角色分工是"我——工作，妻子——家务与育儿"，两个人完全分开。如果我妻子是那种"我也想在社会上拼命干活"或者"我也想在社会上工作"的类型的话，可想而知，我就不能把自己所有的时间都分配给工作，而需要分担妻子在外工作时相应的家务、育儿任务。

这种想象力对于维持家庭关系是不可或缺的，但是，也有一些家庭，正因为是最亲近的人，所以就疏忽了关系的维持。"因为是家人所以肯定能理解我"这句话，请留在已经过去的20世纪吧！

划重点

- 告诉家人自己努力工作的原因。
- 在说的时候，努力体现自己的照顾之心，获得对方认同感。
- 正因为是最亲近的人，所以不能缺乏想象力。

人际关系的烦恼

第八位

容易嫉妒别人

我没法抑制住自己的嫉妒心。前几天也是这样,公司的同事接到了一个大订单,站在公司立场来看是件可喜可贺的事情,但是我却高兴不起来。我该拿这种嫉妒心怎么办呢?

（30多岁的男性）

对你更有益的是为了成为别人那样的人而努力

把"嫉妒心"拆开来看看

首先,我们把"那个人"和"工作成果"拆分开来,看看你是嫉妒"那个人"本人呢,还是嫉妒那个"工作成果"。

你可能会想,两方面都嫉妒。但是,根据我的经验,嫉妒某一点的人出乎意料地多。有一个成语,叫作"爱屋及乌,恶其余胥"。不仅如此,你在考虑"我是在嫉妒哪方面呢"的时候,多少会冷静下来吧。

如果你是嫉妒对方那个人的话,那就只有站到那人身边,谦虚地学习了。如果是嫉妒那个工作成果的话,那么我只能说:"请相信偶然与幸运,同时认真努力地工作。"

换句话说,我很能理解你的羡慕的心情,但是希望你能不要把这种羡慕的心情用"嫉妒"来蒙混过关,而是要更努力地向前看。嫉妒这种心情,说得不好听一点就是单纯的"扭曲"。这会让对方、让自己心情都不愉快,也不会得到任何有益的结果。因此,我建议你,坦率地承认对方真厉害呀,然后心里想着"我也想要像他一样",去努力。

划重点
- 嫉妒不会得到任何有益的结果,抛下它,努力向前看!

人际关系的烦恼

第九位

总是不能和同事打成一片

我在现在的公司已经工作好几年了,但是依然不能够融入公司。周围同事似乎对我也很照顾,主动找我聊天,邀请我一起去喝酒吃饭,但是我就是没有办法和他们打成一片。

（20多岁的男性）

人际关系是"有来有往"

温情不是天上掉下来的

我觉得在这个世界上,人们是互相帮衬的,人际关系也是这样。当今社会是循环型社会,从"不能打成一片"这个表达当中我能稍稍感到你的被动。如果想要打成一片,那自己是不是也需要积极地展开行动呢?

对了,你周围的人们是带着什么样的感受来找你聊天、邀请你去喝酒吃饭的呢?你想象过没有呢?你不会说,这是他们想怎样就怎样的事情,所以我想象不出来吧。至少,对于他们的邀请你应该也有一丝感谢的心情吧。如果是这样的话,那么为了回应对方的温情,自然而然地自己也会做同样的事情,不是吗?

温情不是天上掉下来的东西,是因为含有了别人的一份心,才来到你的身边的。

如果你想要成为那种有温情的社会一员的话,就好好地学会"有来有往"吧,拿出勇气来!

划重点

- 想象一下给你带来温情的人的感受!

人际关系的烦恼

第十位

为了不被领导讨厌而努力

我的领导是个我行我素的人,经常根据个人喜好来评判下属。如果被领导讨厌的话,工作就很难进行,因此在和领导有不同意见的时候我就不表态或者配合着他的意见发言。至今为止,我都熬过来了,但是想到今后还要一直这样下去,我的心情就很沉重。

(20多岁的女性)

要不要试着变换一下消耗精力的方向?

 不用为了不被讨厌而刻意努力

你说的事情真的是很令人难受。最理想的是对方理解你的心情,稍微迁就一下。但是世间之事,不如意者十之八九。你的领导也是,如果是可以迁就的话早就迁就了吧。一定是因为领导不肯妥协,所以你才会委屈自己的。

照理来说,你不应把宝贵的精力用在这种人身上。只要不是直接冲撞对方就可以了。

为了排解压力,你可以想象对方在自己手掌心里,自己这么说对方就会这么行动,那就有意思多了。

另外,要不要试试把精力用在尝试转换思考方向上呢?至少,不是思考"我该怎么做才能不被讨厌",而是思考"怎样做对方才能敞开心扉""我说什么才能吸引对方注意"之类,把对方吸引到自己的主场来。为什么这么说呢?因为,为了不被讨厌而努力会让心情变差。而且,在相反的方向,有可能出乎意料地找到解决问题的方法。

划重点

- 与其为了不被讨厌而努力,不如考虑"掌控"别人的方法。

人际关系的烦恼
前十位

第一位 | 总是会想起讨厌的那个人

> 如果对自己有着绝对的信心,
> 就不会介意"差异"。

第二位 | 被人牵着鼻子走

> 自己的想法是比较他人想法的标准,
> 一定要有自己的想法。

第三位 | 无法在职场说真心话

> 没有必要勉强
> 对着无法令自己安心的人说真心话。

第四位 | 无论说什么都会被否定

> 对于"有缺陷"的人的言行,
> 不用认真接受。

第五位 | 总是被周围的人搞得焦躁不安

> 有意识地去寻找
> 自己介意的人的优点及可取之处。

第六位 | 不会说话,把气氛搞冷了

→ 注重"想象力"与"自信",积极发言!

第七位 | 过于专注工作,和家人相处得不好

→ 告诉家人自己努力工作的原因。

第八位 | 容易嫉妒别人

→ 嫉妒不会得到任何有益的结果,抛下它,努力向前看!

第九位 | 总是不能和同事打成一片

→ 想象一下给你带来温情的人的感受!

第十位 | 为了不被领导讨厌而努力

→ 与其为了不被讨厌而努力,不如考虑"掌控"别人的方法。

我的人生价值寻找之路

下篇

 与命中注定的职业的相遇

销售的工作干得不好，也没有找到能够勉强算是自己强项的工作，我走进了寻找自我的"死胡同"。就在那一天，命中注定的相遇来临了。

项目组的后辈身体不适，我陪他去和职业健康医师面谈。职业健康医师的态度非常冷漠，仅仅听了几分钟后辈的情况就给出了在家休息的诊断结果，面谈到此结束。而最终的结果是"请自己去找就诊的诊所。""什么？就这么几句？"我非常生气，面谈之后我直接和那位医生进行理论。

那时候听到的，大致是如下的内容。

面谈一直是这样的流程进行的。职业健康医师，只要有医师资格谁都可以去做。因为不是本职工作，所以类似于兼职……

我气得发抖，我是很温厚的性格，可在当时，我感到自己相当生气。对于公司职员来说，和职业健康医师进行的停职休息面谈非常重要，因为他们的人生一不小心就有可能被大大改变。然而对方却以兼职为由敷衍了事，而且好像对很多医生来说，职业健康医师的工作不过如此。

我想，有这样不讲理的事情吗！职场人精神层面上的问题年年都在增加。并且，接下来问题会更加明显，痛苦的人越来越多，然而完全没有人去顾及这方面。

就在这个瞬间，我感到像是得到了神启——"尾林君，你要去做名职业健康医师。"

就这样，我突然开窍了。作为一个公司职员，自己苦恼的经历、患有精神疾病的打工者不断增加的现状、针对没心思好好听员工讲话的职业健康医师的改善意识、听人讲几个小时话都不痛苦，觉得对他有用而感到高兴的我。

……我感到，所有的拼图顺利地拼在了一起。

在此之后遇到的精神科医生的态度也支持了我的决定。觉得被职业健康医师冷淡对待的后辈实在可怜，我就和他一起去找精神科诊所。

在那里遇到的医生和之前的职业健康医师不同，他完整地听完了患者的话。我被这个医生的所作所为感动，感叹这是一个多么美好的工作啊！

"Mr 寻找自我"找到自我之后

在此之前我绕了不少弯路,但是当我决定"成为职业健康医师"之后,行动得非常迅速。第二周我就去了部长那里,向他宣告"我要辞职"。

辞职之后,我首先去图书馆,开始准备高考。要成为职业健康医师,首先要从取得执业医师资格开始。要拿执业医师资格必须进入大学医学专业学习,因此要准备高考。然而,这是一个令人高兴的失误,其后我得知有几个大学的医学部可以从二、三年级插班入学。现在想来,当时连这都不知道就辞了工作,真为自己捏把汗……

我所考的大学的医学专业在面试时重视"为人"。关于这一点我有自信,再怎么说,我最喜欢和人说话,想要为别人有所贡献的意愿非常强烈,还有社会人的经历。我的内心有着很强烈的意愿,想要成为优秀的职业健康医师。或许正是因此,我通过了合格率仅为 0.03 的考试,重新成为大学生,学习医学。

虽然无论专修哪个科,都能够获得职业健康医师的资格证书,但是我对人的心理有兴趣,而且我认为对心理熟悉的医生比较适合做职业健康医师,所以毫不犹豫我就选择了精神科。

清晰地记得,曾有人问我:"你想要研究什么呢?精神分裂?癫痫?"当我回答:"我想要成为职业健康医师!"对方就呆住了。还有好几次,别人反问我"你是想要钱吗?"或者回答"职业健康医师这个职业好轻松啊!"这让我很意外,我深深感到,医学界对职业健康医师的偏见以及职业健康医师地位的低下。但是我的决心没有丝毫动摇。

大学毕业后,在东京都内的医院经过了实习期,我进入了大学医院的精神科。后来,我一边在长崎的精神科医院进行专业实习,一边在几个企业做职业健康医师的工作。

顺便提一句,普通企业的经历对我"作为职业健康医师的自我推销"也有帮助。当时的同事们一个个独立出来开公司了,我和他们取得联系,跟他们打招呼,问他们:"你们需要职业健康医师吗?"世上没有白费的功夫呢。

好了,我成为职业健康医师为止的寻找自我旅途的专栏就到这里了。我曾是一个怎样充满迷茫的人,我想应该也已经完全告诉各位读者了。我在写的时候,也想到"这些都是和各位相同的烦恼"而微笑了起来。

我想,也有和我不同,直接找到理想工作的人。我以亲身经历告诉大家,世界上并不是只有这样的人。

工作就是生活,我希望越来越多的人能够健康、愉快地工作,我一直怀着这样的希望工作着。

第三章

生活的烦恼

前十位

缺乏自我认同感、高度敏感、"后天发育畸形"……
难道我也是这样?
这方面的苦恼近年正在增加。

生活的烦恼 第一位

没有自我认同感

我常常听说,"没有自信是因为没有自我肯定感",我觉得,这说的就是我。我不会在众人面前说话,朋友也很少,自己也不太喜欢自己。我怎样才能提高自我肯定感呢?

(20多岁的女性)

不用承认自己，试着表扬一下别人看看？

 全社会都缺乏夸赞的声音

这种烦恼最近经常出现。要是让我说句不太负责的话，大家所想象的那种"自信满满的人"其实并不多。

要是有人具有人人羡慕的天赋或者特殊的能力，那每个人都会夸奖他，所以这个人当然会自信满满。但是包括我在内的绝大多数人都是普通人。

普通人不太会被频繁夸赞。因此，自信、自我肯定感这样的东西就不多，或者说就只培养了那么一丁点儿。

然而，这是很令人遗憾的。我觉得大家都值得被更多人夸赞。不是"因为做了特别伟大的事情要表扬"，而是夸赞这个人"一直在努力呢！""一直来帮忙，非常感谢！"如果这样轻松的日常性的夸赞在社会中蔓延开来的话，相信大家会更有自信。

我动不动就会表扬别人。诊所的职员们也是经常向别人表示感谢或夸赞别人。

因为感谢、赞赏的话，说出来让双方都心情愉快，不是吗？

被夸赞的人会高兴，也会想要去夸赞别人吧。为了做出这种循环，我就觉得要从自己做起。哦，当然，我也很喜欢被表扬，虽然我是个害羞的人。

夸赞不了自己的人，就去夸赞别人

你要不要也试试看从夸赞他人开始做起？你是不是会有疑问，算了算了，如果自我表扬的话能够提高自我肯定感，但是夸赞别人算什么呢？请你放心，其实，夸赞别人从结果上来说和提高自我肯定感有关的。

从原理上讲，自我肯定感低的人，不太会表扬自己。所以，哪怕别人让他"首先承认自己"，他也不知道从何做起。

因此，我把做法颠倒一下。不是表扬自己，而是夸赞他人。虽然这其实是一件非常困难的事情，我们一点点来。

（1）找到别人的优点
（2）找到别人的优点以后就说出来，告诉对方

还没有习惯夸赞与被夸赞的人，在第一步"找到别人的优点"就有可能会费很大的劲。首先，可以先不管表扬，而是练习去找找别人的优点吧！

习惯了之后，就试着说出来告诉对方。即使过了最合适的夸赞的时间也没关系。这让你相当紧张吧，慢慢来没关系，请一定要行动。

一直夸赞别人之后,对自己也会有所注意

如果经历过就会明白,夸赞别人的话会使别人很高兴,同时自己也很愉快,还和别人缩短了距离,这是一种很美好的体验。

不仅如此,反复进行这样的动作后,恐怕过了不久,你就会获得别人的夸赞,因为"夸赞"是循环的。被夸赞的人很高兴,一定会想要再去夸夸其他人。这样循环往复,你的自我肯定感一定会一点一点提高。

另外,练习寻找别人的优点,还有能找到自己的优点这一个好处。能理解别人之后,不知不觉中对自己也会有所注意,发现自己是某种类型的人,或者关于某一点,自己有着不输于别人的决心之类,对自己的理解也会加深。这换而言之就是自我肯定感。

总而言之,没有自信的人往往对于别人的感受比较敏感,比较亲切。如果这份关心能够回向自己的话,一定能够和别人一起分享更美好的体验。

划 重 点

- "夸赞"是循环的,试试夸赞别人吧!
- 理解他人能够帮助自己加深对自己的理解。

生活的烦恼

第二位

羡慕别人的人生

当我打开社交网站，就会看到很多过去的同学、公司的同事或者朋友发的帖子，在帖子里他们过得非常快乐。然而，再对照自己，自己却没有做出像他们发的帖子一样的大事。羡慕大家无论工作还是私人生活都很顺利的样子。为什么只有我自己，过得如此糟糕……我禁不住会这么想。

（30多岁的男性）

对于别人的幸福片段，最好不要太熟悉

 社交网站是人生片段的集合

的确，社交网站里都是"我开公司了""我结婚了""孩子出生了"或者"我留学了"之类的帖子，每天都会有很多充满幸福感的帖子。如果只看这些帖子的话，别人也会感到羡慕。

虽说"这山望着那山高"，但是也不能完全不打开社交网站，社交网站是半强制性地让别人看到"高高的他山"。这真是难受，这是这个时代特有的生活烦恼。

在这时我想提醒你，社交网站仅仅是别人的人生片段的集合。

充斥于你的社交网站的幸福片段，并不属于一个特定的人。不过是每个人人生的转折点上"时不时"发生的事情。

在挑选写帖子的题材时，大家一定都是经过深思熟虑的。

社交网站成为威胁的瞬间

虽然这么说,但是这些不特定多数人的片段,一旦集合起来也有相当庞大的量。看着大段大段的幸福片段,有人会禁不住感叹,这个世界上洋溢着这么多幸福,但是这其实是一种错觉。

对于具体的某个人,也就是你来说,这些令人感到幸福的事情并不会频繁发生。这是理所当然的。从手机屏幕获得的"整个世界都很幸福"的印象与这些幸福事情并没有发生在自己身上的现实之间有着巨大的落差,这是非常令人难受的。

也正是因为这个落差,人会感到"真羡慕啊!""和这个人不同,自己……"这样的情绪。

如果是这样的话,社交网站上成片的幸福片段,对你来说只能是威胁。

 别人的幸福片段冲淡了自己努力与欢喜的价值感

我所担心的还有一点,就是人生的重大事件的价值被冲淡了。

照理说,你的人生里时不时发生的幸福事情,是不能和他人进行比较的。你拼命地活在自己的人生里,在这段人生里所发生的事情与感受到的价值没有高低之分。

但是,如果社交网站里过多的人生大事、幸福片段像潮水一样涌过来的话,那么每件事的意义与价值就渐渐被冲淡了。最终,当自己的人生里发生了类似的事情,就不会有太大的感动,感觉不到太大价值了,这是非常悲哀的。

这样必然会导致"感到自己的人生越来越无趣"这样的结果。

还有一件更可怕的事情是，人不仅会感到发生在自己身上的事情"不算什么"，还会丧失志气，原本是努力目标的幸福事件，变成了"马马虎虎实现一下吧"的事情。

因为，类似的事情已经在认识的朋友那里发生过好多次了。每一件事都是人们花了几年工夫的努力才达到的成果结晶，但是截取了成功的瞬间大量发布给其他人后，就不免会失去新鲜感。

结果就会像你所说的那样，感到一种空虚，在努力做一件事时感到好麻烦。我觉得这是非常令人遗憾的现象。

因此，尽可能地不要去熟悉别人的成功、幸福片段。在社交网站上看到，也不要忘记，这不过是把每个人的人生中好的部分打上高光分离出来而已。

划重点

- 社交网站的确是方便的工具，但是也有可能成为精神上的威胁。
- 不要把别人的人生片段与自己的日常生活相比较。

> 生活的烦恼
>
> 第三位

自己没有才能也没有潜能，过得好辛苦

最近，我可谓是完全对自己丧失了信心，或者说是知道了自己的斤两，所以完全没有了干劲。以前我相信自己应该什么都能干成、应该能闯出自己的一片天地，所以能够非常努力。但是时至今日，积累了经验的我发现自己什么都不是，总觉得有点虚无。

（30多岁的男性）

将大神和自己的人生联系起来考虑是很危险的

 这个时代,大神就在手掌(手机)之中

对你来说,谁是"人上之人"?是你崇拜的人,觉得好厉害的人,还是你的行业业界的名人?那样的人在几十年前,是一般人伸手不可触及的存在。

当今社会,那些人通过社交网站发出声音,各种媒体报道他们的动向与言论。对你来说,通过你手掌心里的智能手机,就能掌握你心目中"人上之人"的所有信息。

社交网站是非常便利,也是非常划时代的发明。既不怎么花费金钱也不怎么花费劳力,就能得到大量这些人的信息,这个时代真是方便得令人感恩。

但是另一方面,从某种意义上来讲,这也是件可怕的事情。为什么这么说呢?你感到"人上之人"、所谓的大神就在身边,他们有可能会成为与你自己比较的对象。

在梦想故事与现实的鸿沟之间,人会感到疲劳

你是否已经注意到我想说的话了呢?那就是,没有必要把自己和大神进行比较。但是,我也很能理解这种情不自禁进行比较的心态。我也用手机,我也用社交网站。所以我很明白,这个世界上有很多很多比自己厉害,而且是厉害很多很多倍的人。

但是,我不会把这些大神和我自己的人生联系起来考虑。因为一旦这么做,自己的人生就会变得很虚无。无论我做什么,完全不可能被载入教科书,现在看来我也没什么可能有能力完成一些让世界惊讶的事情。

尽管如此,如果一直看手机,会有一种错觉,各行各业的"大佬"们,仿佛就在自己身边。

虽然你不会有今天要不要和小孙一起吃个午饭这样的念头,但是他当天吃了什么之类的,通过社交网站或许就能了解。

当代社会,这一切已经成为理所当然。在这样的社会,大神的成功故事出乎意料地很容易就能被看到。特别是,成功者往往会说"获得成功是很简单的""我只是做了理所当然的事情而已"。

把他们的话当真,抱有自己也去小小成功一把的野心并不是坏事,但是一旦实际着手去考虑的话,你就会突然停下前进脚步。

因为那些大神,并没有把成功的具体方法告诉大家。自传

也好,讲授方法的书籍也好,写着各种各样的内容,但不用我说,并不是读了的每个人都可以成功。

于是你会发现,"怎么回事,还是不行啊,我的天!"到了最后,你就会发觉大神们的故事和微不足道的自己的现实之间的巨大差距。尽管1秒前还觉得和自己没有距离,但是其实他们和自己有着无限大的距离,这种既远又近的感觉让人陶醉又让人苦恼。

 平静地接受"信息"

你现在的精神状态是因为生活在当代社会才会有的。即使切身体会到了大神和自己的差别,以及无限巨大的差距,也产生不了跨越这个鸿沟的动力吧。

所以,大神的一举一动,你作为信息接收就好。他们说的话,可能可重复性比较低,可以当作一种智慧,心怀感激接受就可以了。就好像从神仙或者菩萨那里得到了教诲一样。大家没有必要把那些像神仙、菩萨级别的大神设为自己的努力目标。

划重点

- 社交网站、网络让大神变得让人感觉触手可及。
- 把大神和自己放在同一级别上考虑是毫无意义的。
- 社交网站、网络的信息,平静地接受就好。

生活的烦恼

第四位

疲于迎合别人

我很害怕招人讨厌,一直注意观察周围气氛,观察对方脸色行事。我一直有意识地不招人讨厌,所以和人在一起非常累。我希望自己能够更加轻松地生活,但是很害怕一旦拿出自己的主张就被人讨厌。

(30多岁的女性)

为了圆场，你失去了一些东西

 为什么不想招人讨厌呢？

想来有很多人介意别人的脸色与心情，不能主张自己的想法。我认为这样的人都很能照顾别人，但是如果稍微往坏的方向想的话，和事佬、墙头草也混迹其中。

至今为止，大概没有人猛烈地批评或者表扬过这些人，总之就是无功无过，60分飘过的人比较多。

欸，不是吗？没有被任何人讨厌，就是这样的。只有无功无过，不做得太好也不做得太坏，没有大的偏离，避免了巨大失败与失态的同时，也不会得到非常优秀的结果。总之，就是一种安逸思想。

那么，为什么人会不希望招他人讨厌呢？

这个原因还需要我再说一遍吗？是的，被人讨厌并不是一件心情愉快的事情。

但是我想请各位想象一下，如果你能够"被人讨厌也没关系"，那么能够获得什么呢？

被人讨厌一下又如何？

被人讨厌，能够获得的是自由发言与行动。为了不招人讨厌而配合周围人行动，换而言之是一种"忍耐"。只优先别人的事情，这是将自己真正的心情与意志掩盖起来。

这个行为，实际上是非常无趣而且积累压力的。也正因为如此，才有了你这次来找我，忍耐对身心都不是件好事。

如果可以放下心，领悟到被人讨厌也没关系，那么你就没有必要忍耐了。即使这样，也有立场、体面等关系，也不能随心所欲地口出狂言。

但是，"不能说"和"可以说但是不说"对内心来说负担是完全不一样的。

优先考虑自己的感受

刚才我这么说，你是不是觉得，"或许我可以稍微尝试一下表达自己的想法？"

如果你不能这么想，那么我再给你提一个更绝的建议。

和事佬主义、墙头草主义一眼看上去并不是那么地坏。但是光推测别人的想法，不面对自己的真实想法，渐渐就会不明白"自己感到什么""自己想要做什么"。

感觉是以自己的意志为基础来感知事物的，如果丧失这种感觉的话，那么工作价值、生存价值一类的东西就会渐渐萎缩。

一旦这样，人就难以回答为什么自己在这个公司做这个工作，为什么自己属于这个团体之类社会性的问题，还会对自己是怎样的人，能做什么样的事情之类的自我认同产生怀疑。

最终，人有可能会搞不清楚什么是开心的，自己为了什么而生存。这不是很可怕吗？

你有可能会反驳，有这么夸张吗？不说出自己的意见、只配合别人行动这样的行为的终点，极端一点来说就是那样的。

我想，你本质上是照顾别人感受与心情的人，通过坚守自己的意见，积极发挥自己性格的优点，就能够两边都做得很好。

如果感到疲劳，就问问自己内心，是不是可以接受磨灭自己自我认同的这种生活方式呢？

划 重 点

- 没人讨厌＝无功无过。
- 只优先别人的事情的话，自己的价值感与自我认同会渐渐萎缩。
- 清楚明确地摆出"不介意被人讨厌"的态度吧！

> 生活的烦恼
>
> **第五位**

觉得自己是高敏感人群（HSP）

最近电视、杂志上经常介绍 HSP（对于外部刺激以及感情非常敏感纤细的人，取自 Highly Sensitive Person 的首字母）的特征，我觉得自己也是这类人。我难以忍受大音量，看到令人悲伤的新闻或遇到这样的突发事件，就会像是发生在自己身上一样难受，没法做其他的事情。在职场仅仅只是看到别人被训斥的样子，自己的脑海就一片空白了。

（20 多岁的女性）

如果看到别人在发火，下意识地去思考是冲谁发火

 高敏感人群的特征是"过度敏感"

最近，不同人的不同个性所导致的生活烦恼被渐渐重视起来。因为媒体等的大量报道、介绍高敏感人群，就会有人介意，自己是不是也是其中一员。

因为也有不了解这个词的读者，所以在这里我简单向各位介绍一下 HSP。它是 Highly Sensitive Person 的省略的说法，指的是过度敏感的人。一般来说，这样的人会有以下特征：

- 感受力很强

- 对于各种刺激都很敏感，容易疲劳

- 对于其他人的感情非常敏感，非常容易与别人共鸣，想象对方的情感

- 能够注意到细微的变化与刺激

总而言之，可以说是感觉上和感情上两方面都具有过度敏感特性的人。但是，这并不是疾病，是一种表示特征、性格的概念。

 尽可能地想办法应对

因为这是一种类似性格的东西，所以只有自己努力下功夫去消除它所带来的生活方面的苦恼。如果是对声音敏感的人，可以使用耳机或耳塞以降低噪音功能；对光线敏感的人，可以在室内使用看上去不像太阳眼镜的调光镜片的眼镜之类，请你在日常生活中扎实地做好这些功课吧！

另外，在空隙时间刻意闭眼的话，可以减轻刺激。因为人从视觉获得相当多的信息，所以如果每天闭几次眼将这些信息强制性地隔断，也可以减轻疲劳感。

 HSP 人群的常见烦恼

如上所述，感觉过敏的话有各种办法可以缓解，但是对于感情过敏的话，就很难缓解了。

看到有人被训斥，自己感到难受得不得了，这是 HSP 人群常有的事情。别人被训斥让他们感到是自己被训斥一样。这是非常痛苦的。

我建议，每次遇到这样的情况都好好考虑一下，别人训斥的对象是谁或者为什么。

为什么呢？因为HSP人群会自动将自我代入其中，感到是自己被训斥。也就是说，自己与他人的分别比较模糊。因此，在每次遇到别人被训斥的时候，有意识地将自己与他人切割开来，有意识地执行这个动作比较好。

通常，HSP人群的脑回路是这样的：

部长在发火→(是朝我发火)→好可怕!

完全是全自动地感觉别人朝自己发火。因此，在这时换一个思路：

部长在发火→(是对谁？为什么？)→是对某人，不是对我→虽然气氛很糟糕，但是和我没关系，冷静，冷静！

有意识地引导自己这么想的话，我想多少可以解除一点生活的困扰。要习惯可能要花一点时间，但是请一定要坚持下去。

如果你觉得，不，不至于需要这么做，那么，你可能不是HSP人群。也有读者会想，别人挨骂或者悲伤，我也会变得非常难受。但是这可能只是一种普通的照顾别人的好人的表现，任何人都不想接触到别人的负面的感情吧。

划重点

- HSP指的是感觉与感情两方面都高度敏感的人。
- 减少刺激，有意识地划清与他人的界限。

生活的烦恼

第六位

总是因为自己的直率而吃亏

我总是把心中所想的直接说出口,导致到处得罪人。说话非常不擅长注意场合或方式,我清楚这种性格很吃亏,但总是难以改变。

(30多岁的男性)

能够注意到
这是一种不理想的状况
是非常好的事情

 只要自己意识到，离改善就只有一步之遥

你的优点在于，意识到自己的这个问题。而且，能够明白是这个问题导致发生了自己所不希望发生的情况，这也是非常优秀的。这种事情，其实最难的是自己意识到。

因为意识到了自己的缺点，所以离改善就只差行动了。没事的，一定能行！

 首先试试慢慢说话

为了解决这个问题，第一步要学会慢慢说话。想到什么马上说出口的人当中，很多人说话速度很快。在深思熟虑之前，话就已经说出去了吧。所以才经常会多说一些不必要的话。

首先，请下意识地慢慢说话。只要做到这一点就会有很大不同。也有人会说，我说话速度不快，那也请下意识地采用适合自己的慢悠悠的说话方式。

那么慢慢说话有什么好处呢？首先就是有时间慢慢考虑说话的内容了。

之前我说"在深思熟虑之前，话就已经说出去了"。直率这一点也是优点，但是，并不是说把所有自己想的告诉对方才是好的。重要的是，要想象对方会如何理解自己的话，有什么感受。

有人可以瞬间靠直觉判断这些，但是如果你不是这样的人的话，那就在开口之前，有必要保证有想象的时间。说得太快的话，就没有时间了。因为这样，会被人认为是"没有眼力架儿""多管闲事""说话太直率"。

每次都想象一下对方会如何想

你可能有所察觉，本次战略的重点不仅仅是"慢慢说"，想象对方的感受，在此基础上把想说的话咽下去，才是重点。

我来整理一下：

1. 观察对方言行，得到某种印象或感想
2. 开口之前，想象一下对于自己现在想说的话，对方会怎么想
3. 如果判断对方有可能会因此感到难过、讨厌自己这么说的话，就把话咽下去
4. 觉得说出来也没问题的事情，才慢慢说出来
5. 反复步骤 1–4

整理起来，真是有好几步呢。因为在对话中，必须反复这样的步骤，所以要是说得快的话，就没法实行了，因为脑子跟不上嘴巴。

不过，基本上来说，有意识地慢慢说话的话就可以做到。在还不习惯的时候，会感到每次想象对方的感受而不得不把话咽下去好麻烦，但是这不过是习惯问题。只要养成习惯，就没有任何困难了。

另外，这个技巧不仅仅适合说话快的人，对于容易焦躁、情绪不安的人也非常值得推荐。我以前其实也是说话速度非常快的人，只认识现在的我的人经常会怀疑我这说的是假话。出于职业习惯，现在的我说话相当慢。

总而言之，说话语速快这个习惯是可以改变的。我自己的改变就能证明这一点。相应地，我感到自己待人接物也比以前要缓和、沉稳了，同时精神上也感到一种安稳。

怎么样，你是不是想要尝试一下了？既然已经意识到这个问题了，离解决问题只有一步之遥。我会支持你的，加油吧！

划重点

- 牢记去想象对方的感受，把话咽下去。
- 诀窍是慢慢地说话。

生活的烦恼

第七位

不太理解"自己"

我从事销售的工作,总是在顾及顾客、上司的情绪,变得搞不清自己了。怎样才能拥有自我启发的书籍中经常出现的"自我轴心"这个东西呢?

(30多岁的男性)

有意识地构建"自我规则"

 "自我轴心"的构建方法

"自我轴心",听上去感觉很夸张、很帅的样子。实际上,并不是很深奥的东西。换句话说,是一种"例行程序"或者"规定"之类的东西。

比如说我,我给自己定下的规则就是"不说别人坏话"。与其说这是我的决定,不如说是我以前到现在一直这么生活过来的。

这是我给自己定下的规则、习惯一样的东西,和正确与否没有关系。我不说坏话,与其说是因为我决定不说,不如说我是生性说不了坏话。

不过,由于有这样的习惯,周围的人会感到我是个诚实的人或者好说话的人,这从某种意义上来说就是被贴标签了,但这样的标签具有积极的意义。

这种在自己心目中很重要的事情,在我和别人打交道的过程中,会膨胀、立体化。这就成为所谓的"自我轴心"。

对自己来说理所当然的东西会成为信念或轴心

这么想来,各位读者应该也有些什么"个人规定""约定"或者例行程序吧。

和朋友说起这个,朋友告诉我,他(她)的"个人规定"是每年去北海道参加摇滚音乐节。摇滚音乐节在每年8月举办,那个人在找工作的时候,就以"不去不能在那期间休假的公司"为基准来考察公司。跳槽的时候,也告知新公司"8月我要去参加音乐节,所以需要调休",在和新公司商量之后再入职,这个"自我规则"贯彻得很彻底吧。

然后,因为他(她)每年都去北海道,不知不觉中对于北海道的美食也变得熟悉起来,在现在的公司里,大家都会说,"如果需要知道北海道哪里的食物好吃,就去问这个人"。

我想说的,你明白了吗?对于这个人来说,参加摇滚音乐节是一种"轴心"。因此,给周围人造成了"这个人为了自己最爱的音乐节,8月是一定会休假的"这样强烈的印象。

我认为,这样的个人规则,塑造了这个人的为人风格,甚至人格。

 即使是"鞋子必须从右脚开始穿"这样的规则也没问题

也请你回忆一下,自己有什么规则或者讲究之类的东西吗?不用非常严格。

比方"鞋子必须从右脚开始穿""喝酒一定要以吃拉面来

结束"等。这种小小的习惯以及认真遵守的规则,是形成你的"轴心"的出发点。

然后,这种规则会不仅停留在你的心中,而是涉及周围的人,成为自己与他人都承认的"性格"的一部分。如果到了这一步,就不会有搞不清楚自己是谁这样的烦恼了吧。

啊,说起来,我有个朋友,过了 40 岁开始热衷职业摔跤,开始模仿职业摔跤运动员锻炼肌肉。我眼看着他越来越健康。他还说:"生活状态完全不一样了啊!"

这种情况下,摔跤是某种自我规定、讲究、"轴心"发挥作用的结果。如果确立了这样的轴心,那么不仅"自我"得到了确立,人生、生活也能获得新的发展。

划 重 点

- 找到"自我规定"与"例行程序"。
- 无论是多么细小的轴心,都能够成为塑造自我的出发点。
- 一旦形成轴心,人生与生活就会增加色彩。

> 生活的烦恼
> 第八位

介意各种各样的事情，无法集中精神

虽然手头有很多应该做的事情，但是我的注意力总是被各种各样的事情所分散，不能集中到眼前的事情上来。指导隔壁组的新人、领导之间的角力关系、同事的恋爱烦恼等，我总是容易关注那些和自己没有直接关系的事情，把自己的工作抛在脑后。

（20多岁的女性）

把自己介意的原因
整理一下吧

 不明不白的状态,无论是谁都不舒坦

非集中注意不可,但是心定不下来,这种事经常有。在这时候,越想着我必须集中精神,反而会越焦虑,变得心神不宁,真是令人烦恼。

工作量太大或者原本就是注意力比较涣散的性格的话,很容易陷入这种情况。但是,既然无论如何都要集中注意力,我给你传授一个办法。

那就是,在现在吸引你注意力的各种各样的事物里,整理出一个顺序。

为什么你会那么介意某一件事呢?把它的原因搞清楚,找到某种程度的规律。

东西一直随机散乱在一个地方,人会感到有压力,这是理所当然的。"我不知道为什么我会那么介意",这个问题本身就在扰乱你的大脑和内心。无论是谁,不明不白的状态都会让人感到不舒坦不愉快吧。

有时候，一旦知道根源或原因就轻松了

赋予看上去随机而毫无秩序的东西以关联，这样的思维方式在医学界也很通用。

比如说，恶心、左肩疼痛、呼吸困难之类的症状，看上去没有什么关系吧。但是，其实，这是心肌梗塞的症状。一旦病人说"我恶心，左肩附近疼，有时候呼吸也有点困难"，医生就会推测是不是心肌梗塞。医生们每天都在锻炼这种推理能力。

同样地，你介意的各种事情，可能也有着某种共同的根源。或者说，即使没有某种特定的原因，也可以认为是某种程度上相关的内容。

最终你可能会得到结论："介意的都是恋爱故事，因为对恋爱有兴趣吧。""我会情不自禁地介意别人烦躁不安。可能是因为小时候经常挨骂""现在介意这个，是因为在自己身上也发生了类似的事情"之类，无论什么内容都没问题。

只要自己接受这个"介意的原因"，不用管它到底是什么。

通过"元认知"来接受自己应该做的事情

自己客观地看待自己的认知，叫作"元认知"。"元（Meta）"是"高层次"的意思，可以想象为另一个自己从高处俯视自己。

如果可以元认知到处在混乱之中的自己，那么现在应该做

的事情就自然而然变得明确起来。

工作业务过于繁忙而排不出一个优先顺序,的确可以使人陷入恐慌。如果能意识到这一点,就能让自己首先静下心来,然后再决定优先顺序。

或者,注意到自己因为这个那个的原因而分散了注意力之后,对自己说:"原来如此,我明白原因了。那么接下来,干什么好呢?"这样,切换到下一个工作。

又或者,有时候会意识到,只是因为现在不得不做的工作令自己感到厌倦和麻烦,所以无意识地在逃避现实。

考试临近突然发现桌子一团乱开始整理东西,或者介意起以前没读的书开始读。这时候也可以元认知为"啊,原来自己不想学习",以及下定"没办法,只能干了"的决心。

不能集中精神的原因有很多种,首先请冷静思考一下,自己为什么这么介意这件事情。欲速则不达,整理一下思路,也许反而能有清楚的思路来集中精神工作。

划重点

- 随机而没有秩序令人不爽。
- 寻找介意这些事情的理由,或者整理一下将这些事情的潜在关联找出来。
- 元认知到分心的原因与状况后,就会沉着冷静下来。

生活的烦恼

第九位

不能信赖他人

我不能信赖他人。职场的上司、同事来找我搭话、关心我，但是我会觉得这些人不可信赖从而警惕他们，没法和他们建立良好的关系。因为从小我就是这种性格，所以并没有感到特别困扰，但是想到这样下去永远不会有亲近的人，就有点感到孤独。

（20多岁的男性）

培养把自己交给他人的感觉

 不信赖别人的人无法被信赖

不能信赖别人，就是不能被别人信赖。你说到，也没有感到特别困扰，但是我想，没有别人信赖的人生，还是比较孤单的。

我看到，你好像也带有一点孤独感，所以想要改变一下这样的自己。

我建议，从比较小的范围、一点点开始，相信别人，虽然这需要时间。

可能身边没有关系非常好的人，但是找一个对你来说距离最近的人为对象，来挑战一下吧！

 反复经历被别人接受

虽然这么说，具体该怎么做才能"相信别人""信赖别人"，很难说清楚。

"信赖"这个词的概念比较模糊，不同人有不同的理解，我个人认为，接近"对他人感到一种安心感""被理解、能够被倾听"这样的感觉。与其说从道理上讲如何怎样，不如什么都不想，尝试着把自己交给别人。

如果能感到"这个人不知为何让我安心""和这个人在一起就会有勇气""感觉自己的事情能被对方理解"，这就是"相信""信赖"。对很多人来说，"这个人"可以是父母、兄弟之类的家人，也可以是好朋友、恋人之类的友人。

即使现在没有这样的人，但是如果刻意努力带着这样的心情待人接物，渐渐地就会培养出对人的信赖感。

 答案有可能在过去

也有可能有读者无论如何刻意去做都很难信赖别人，感到难受痛苦。这时候，有可能必须回顾他们过去的人生。

精神科医生认为，人所陷入的困境与痛苦的心情，大多起因于过去的人生经历。

"信赖别人"这个动作与精神发展中相当基础的部分有关系。我打个比方，比如在很小还不懂事的时候父母离婚、受到家人的虐待等，都会有影响。

说到这里，我不是夸张，如果是与自己的存在相关的根源部分没有培养自我肯定感，就很难信赖别人。因为自己生活的意义都很轻飘飘的人是没有余裕来接受他人的。

这样的心理、精神问题被叫作"依恋障碍"（在幼儿期由于某种原因，和抚养者之间没有顺利形成依恋而造成的精神、人际关系等方面的种种问题，Attachment disorder）。这种障碍容易导致与人沟通的不完全与生活的苦恼问题。

但是，如果说"不不不，过去的事情我记得并不清楚了，想得起来的事情也没什么大不了的，但是我就是无论如何信赖不了别人"，这样的人就不用勉强来寻找原因了。但是有可能，在这个人的人生里曾发生过非常痛苦的事情。

如果你觉得尽管如此还是想努力信赖别人的话，那么心理咨询、精神科医生等第三者的面谈也是一种选择，他们会冷静、客观、综合地为你分析。

划重点

- 不信赖别人的话就得不到别人的信赖。
- 一点点尝试把自己交给别人。
- 人生经历中曾有过过多痛苦的人，找专家咨询也是一个办法。

生活的烦恼

第十位

不想被别人看到自己脆弱的一面

我非常反感被别人看到自己脆弱的一面。我有很强的意识必须在他人面前保持安定的状态。即使是在烦恼或者沮丧时,也倾向于自己想办法。

(20多岁的男性)

如果自己能解决的话，就没有必要把自己的脆弱展示给别人

 "不能把脆弱的一面展示给别人"是一种弱点

虽然"脆弱"是一个虚无缥缈的词汇，但让我们尝试用语言来描述一下看看。好好和自己面对面，把"脆弱"具体化、语言化来说，应该有很多令人意外。其实什么都没有或者用语言描述出来之后就不是什么大事的事情。

你所说的"脆弱"，应该就是即使是在烦恼或者沮丧的时候，也倾向于自己想办法这种做法吧！但是，如果自己能够想办法解决的话，那不用勉强和别人商量并把自己的脆弱展示给别人了。当然，如果想要和别人商量的话，也可以去试试。

还有一种可能，也就是担心把自己的脆弱展示给别人，害怕被别人认为是"弱者"。但是，人只靠强项、优点是活不下去的，有弱点是完全没有问题的。

宣称自己没有弱点，一直逞强，不展示自己脆弱的一面本身就是一种弱点。

划重点

- 试试看用语言描述自己的"脆弱"。

生活的烦恼
前十位

第一位 | 没有自我认同感

→ "夸赞"是循环的,试试夸赞别人吧!

第二位 | 羡慕别人的人生

→ 不要把别人的人生片段与自己的日常生活相比较。

第三位 | 自己没有才能也没有潜能,过得好辛苦

→ 把大神和自己放在同一级别上考虑是毫无意义的。

第四位 | 疲于迎合别人

→ 清楚明确地摆出"不介意被人讨厌"的态度吧!

第五位 | 觉得自己是高敏感人群(HSP)

→ 减少刺激,有意识地划清与他人的界限。

第六位 | 总是因为自己的直率而吃亏

　　→ 牢记去想象对方的感受,把话咽下去。

第七位 | 不太理解"自己"

　　→ 找到"自我规定"与"例行程序"。

第八位 | 介意各种各样的事情,无法集中精神

　　→ 元认知到分心的原因与状况后,
　　　就会沉着冷静下来。

第九位 | 不能信赖他人

　　→ 一点点尝试把自己交给别人。

第十位 | 不想被别人看到自己脆弱的一面

　　→ 试试看用语言描述自己的"脆弱"。

身为职业健康医师和精神科医生

 希望给打工者鼓气

我对于打工者抱有很深的敬意,这是我现在工作的起点。

工作,我认为是发挥自己的能力,为他人作贡献。这是非常值得尊敬的一件事。而且,通过一个个打工者的工作,经济得以运转,构成了国家活动的基础。这么想来,打工者的角色非常重要。

正因为我曾经是打工者的一员(现在其实也是),所以想要帮助各位打工者能够充满活力地工作。这是我从事职业健康医师的动力。

职业健康医师对于公司职员休养的"入"与"出"负责,但是对于其中的治疗过程不能负责。而且,即使职业健康医师判断或者建议前来面谈的职员有必要去诊所进行治疗,对于实际的治疗也基本上是没有涉及的。

听听情况不太好的职员的诉苦,把握他们现在的状况,给他们提出必要的调整和建议，有时候根据需要做出停职休养的判断。还有就是他们回到职场之前，进行复职面谈，判断他们是否适合回归工作，这样的"出"与"入"的判断，在职业健康医师的工作流程中是理所当然的事情，但是对我来说，有一些不满足。

为什么呢？因为那个人状况不好，不仅起因于现在的环境，而且还与这个人过去的人生、价值观等背景有关。

仅仅作为职业健康医师，我无法涉足这个领域与这个人进行深入交谈。但是我的初心是，站在处于困境里的人一边，帮助他们解除困扰。能这么做的是精神科医生，所以我决定建立自己的诊所。

职业健康医师与精神科医生之间的界限

我这么说，可能有读者会以为，尾林把作为职业健康医师时面谈的职员带到自己诊所，以精神科医生的身份进行治疗。当然，如果可以的话这是最理想的（当然这不是指金钱上），但是我给自己定下规矩，我绝对不会这么做。因为，作为职业健康医师和作为精神科医生，优先的事情是不同的，对于同一个人，用两种不同的立场来接触的话，会产生矛盾。

这怎么说呢，在诊所，作为主治医师的我与患者接触的时候，最优先考虑的是患者的状态，当然患者本人的意向也不能无视。即使恢复得不怎么好，如果患者说"因为要生活，我再不复职就麻烦了……"那么我可能会给他写出能够复职的诊断。

然而，从职业健康医师的角度来看，如果让一个没有完全恢复健康的职员复职，就会有问题。因为这对于企业没有好处。是的，职业健康医师所优先考虑的不是职员，而是企业。

因此，我不会在自己的诊所诊疗自己作为职业健康医师面谈过的人（但是有可能会以不是自己来诊疗为条件，向职员介绍自己的诊所）。

想要帮助企业与职员之间建立美好的关系

在诊所，我会站在患者一边，努力用心诊疗。我理想中的精神科医生的工作是完全接纳对方的人生、人格、想法之类，因为会深入对方的过去经历、人生背景等相当私人的部分，因此相应的责任的比例也会变重。

为什么这么说呢？因为我越深入地了解对方，越能够理解对方，希望对对方有所帮助的愿望也越强烈。会涌起一种把对方的人生当作自己的人生来接纳，然后和对方一起想办法解决问题的意愿。

随着这样的经验积累与自己技术的提高，我作为职业健康医师的一面也更加得心应手。我能够深入通常职业健康医师不曾涉足的领域，帮助职员一起解决问题。有这样的职业健康医师，不仅是对职员、对企业也是有所帮助的。

对于企业来说，职员状态不好等于"企业缺乏战斗力"，这是一个切实的问题。某某人的状态好像不太好，这是从企业角度来看的通常的观点。通过职业健康医师伴随在职员身边做沟通桥梁，企业（的负责人）可以更真实地和作为一个人的职员进行沟通。不可思议的是，一旦企业了解到，某某人因为某个具体的背景或者某个具体的原因所以状态不佳，企业方面也会产生"我们能不能为他做点什么"的想法。

这样能够加深职员与企业的关系，企业与职员关系变得更为融洽的情况也不在少数。这又促进了职员身心的恢复，职员能在短期休养之后就回到职场。

也有时，企业出于善意向职员提议，"我们考虑了很久，但是很遗憾，我们公司很难实现你的希望，你要不要看看其他公司"，职员在接受的基础上，开辟新的人生道路。

虽然原本最理想的结果是在原单位复职，但是无论是怎样的形式，我想，能够给职员与企业双方带来幸福就是好结果。

第四章

工作的烦恼

前十位

在职场中,
关于自己的工作、
领导与下属的烦恼。
公司职员常有的烦恼,
让我们从第一位开始看起。

工作的烦恼

第一位

感觉不到工作的价值

学生时代,我找工作找得很辛苦,所以在获得了一个公司的录用机会后就不再寻找其他职位。或许是因为这样草率定下了工作单位,所以一直感觉不到工作的价值。那时候的自己没有经过深思熟虑,的确是不应该,但是继续现在的工作也很辛苦。

(20多岁的男性)

出发寻找"意愿"吧!

 工作时的三大要素

做职业健康医师后我发现,没经过深思熟虑就决定了工作单位的人、为了自己感觉不到工作价值而烦恼的人相当地多。

"价值"这个词,或许有些空洞。有人把成就感、成功叫作价值,也有人把辛苦的过程本身当作价值。价值这个词,到底怎么定义才好,真是令人迷茫。

不过,仅仅就我所看到的刚才的咨询内容而言,我觉得"价值"接近于,"我现在的工作不是我想做的工作,所以我感觉不到工作价值"。因此,这一次我们就把"有想做的事情"定义为"有价值",来继续探讨。

在第一章"找不到自己真正想做的事情"中,我介绍了"意愿、能力、义务"三大要素。这里的意愿,我想就是你所寻求的东西。因为有着明确意愿,也就是清楚知道自己想做什么的人,照着这个方向找工作就行,就不会有本次咨询这样的烦恼了。

也就是说，你应该做的不是"寻找感到工作价值的方法"，而是"寻找想做的事情"。

为了感到工作价值，要决定自己的工作意愿

然而"意愿"这个东西，与"能力""义务"相比，可以说是更加具有流动性也好，浮动性也好，总之就是要找到这样的一个非常吻合自身的东西，有可能又费时又费力。

因此，总的来说，已经定下"意愿"的人，为数相当少。正因为这样，所以才有人感觉不到工作的价值。

切断这种恶性循环的方法，只有找到这个"意愿"才行。

那么，要问具体做什么好，最实际而简单的建议就是，请试一试各种工作。

请别因为这个回答太抽象而生气。因为我真的只能这么回答。只有反复尝试、犯错与选择，才能找到"意愿"。

在不知道对自己来说，"意愿"是什么的时候，我们只有摸索前进。有人可能会觉得这效率不高，但在这种情况下，追求效率与合理性是毫无意义的。

如果不去尝试，就不会知道那对自己来说是好是坏，就不能知道自己内心的判断标准。

我是在这个意义上提出"请试一试各种工作"这个建议的。

感觉不到工作价值的经验也有价值

我想说的话，你有没有明白呢？

你可能想，时至今日我来寻找自我，这种事情办不到。但是，你现在的"在现在的公司与工作中我感觉不到价值"这种想法，就是寻找意愿的重要一环。

比方说，你感到现在的公司什么地方没有意思呢？有怎样的要素，能让你感到一点乐趣呢？

坚持思考这样的问题，是非常重要的。不要想着"啊，好麻烦""啊，这是绕远路"，而是要真诚地问自己内心。

对了，说到寻找自我，我从事自身职业为止的过程或许能给你带来一点启发（我也是绕了很大一个弯）。我写在了 34 页的专栏里了，请你读一读。

划重点

- 感觉不到工作价值，是因为没有工作意愿。
- 现在的痛苦感觉，也是寻找意愿的判断基准。
- 要坚持思考自己想要做的事情是什么。

工作的烦恼

第二位

远程办公令人不安

受到新冠肺炎疫情的影响,我们公司也导入了远程办公制度。不用去公司上班,我以为会很轻松,所以很开心,但是时间长了以后就开始不安起来。不知道把什么做到什么程度才算是"做完工作了",而且和人沟通也都是在网上进行,不知道对方在想些什么。

(20多岁的女性)

有意识地做到"三个OFF"

 不习惯远程办公，不安随之而来

这真是非常辛苦。至今为止的工作方式发生变化，难怪你感到不安。

但是，没问题。不安的不仅仅是你一个人，大家都很不安。首先，我整理一下远程办公让人这么不安的原因。

1. 因为没有上下班阶段，所以无法区分工作与休息时间。
2. 在线会议难以顺畅沟通。
3. 文本框里的聊天令人感到冷淡。

首先，你说到"不知道把什么做到什么程度才算是'做完工作了'"，从这个描述来看因为不需要上下班所以时间充裕，导致有可能会长时间劳动。本来不做也行的部分，有可能由于过于不安，就着手去做了。但是，如果一直这样，就会很疲劳。

另外，所有的沟通都在网上进行，很有可能引发沟通不畅。我相信有很多人从很早以前就开始使用聊天工具，因为用文本框，轻松敲击键盘就能发出去了，所以有时候会让人有冷淡、不知道真心话是什么、光说了自己想说的而没有照顾到对方的感受、只顾自己"发球"之类的感觉。

如果是过去，这样的缺点可以通过见面来弥补，但是现在，见不到面，没有办法修复。

 解除远程办公所带来的不安的"三关"

在这里，我建议"三密"*，哦，不是，是"三关"（OFF）。
1. 关掉 APP
2. 关掉"照片模式"
3. 关掉"点赞"

1. 关掉 APP"指的是决定工作的时间是从几点到几点，除此之外的时间，设置成"退出登录"的状态。

聊天工具中，也有离线、离开等表示个人状态的功能。你可以通过设置这个来表示自己"在休息"。周围人看到，也会明白"啊，这个人已经下班了"，同时，这么设置的人自己也会有一种下班了的感觉。

比如我，开始在自己家工作后，4 岁和 7 岁的孩子们就会跑过来找我玩，让我感到很难划分工作与私人空间。所以我决定，19 点之前是工作时间，工作时狠狠心锁上房门，然后到了

---

* 译注："三密"是指密集、密切接触、密闭环境，日本向民众所宣传的切断新冠病毒广泛传染所需回避的三要素。

19点就开门。

通过这种方式,我向家人传递了自己的"上班、下班"时间,也给我的生活带来了一张一弛。

2.关掉"照片模式",是在线会议的要诀。在线办公,由于网络环境的问题,会发生卡顿,图像有时候会扭曲,因此与人沟通难上加难。利用网络会议是"视频"的优点,比通常更大幅度地做手势和身体姿势,把反应做得夸张一点吧。附和别人的时候也要刻意夸张一点,大致是平时面对面时的三倍,这样,对方才能够感受到。

努力做到模仿"现实"的沟通

3.关掉"点赞"是指想办法将容易冷场的文本对话向实际对话的状态靠近。比如用电话或者在线会议,尽量避免仅仅用文本沟通与点赞。

你可能会感到一些麻烦,但是通过分享一丝气息与温度,沟通的效率会成倍提高。

很难与人直接会面的现在,正是锻炼人"想象力"的好时机。乐观一点吧!

--- 划 重 点 ---

- 因为远程办公而不安的不仅是你一个人。
- 发挥想象力,有意识地做到"三关"。

工作的烦恼

第三位

工作不顺利,很难受

在工作中没有出什么很大的成果,感到很困扰。我的工作对创意要求很高,而且与公司内外的人协调、交涉的事情也很多,所以每天都非常忙碌。在这种状态下,也很难有灵感,没法保证产出高质量的成果,所以感到很焦虑。

(30多岁的男性)

依靠他人的力量吧!

 你是不是在独自烦恼呢?

我懂!我马上明白了,其实,我以前也是这样的。

在做销售的时候,我完全拿不出成果,真的是很困扰。我渐渐丧失了自信,更加拿不出成果了。整个人完全就处在一个"跳楼大甩卖"的状态里。

反思一下自己,我是没做好"让人介绍从而增加销售额"这件事。我一直觉得,不是通过自己的力量销售出去的话没有意义。

另一方面,销售做得很好的前辈很善于借他人之力。积极利用代理店,去为公司内其他事业部的人介绍自己的服务等,做法和我完全相反。

虽然对他来说这是一件愉快的事情,但是对我而言却觉得他明明只是借助了别人的力量,还轻飘飘的,我好讨厌这人。

然而有一次，别的部门的同事使用了我的商品，提高了我的销售额。

那时候的我，说实话，销售额处于最低档，精神上都开始接近崩溃了，所以他的工作对我来说是非常有帮助的。在那时，我终于认识到，原来，借他人之力并不是件坏事。

 依靠他人，不是狡猾也不是偷懒

你虽然和我工作不同，但是恐怕和过去的我处在同样的状态。

恐怕你也是想着只靠自己来解决问题吧，通过自己的努力来获得正当的成果，是不是？

但是，正因为我有类似的经历，所以我想要强硬地主张一句，以为一个人能够解决、自己一个人能够拿出成果，是相当愚蠢的想法。

我们不是一个人生活的，工作也是如此。虽然这么说，如果是过去的我，也是不太能相信。

借他人之力，或许让人觉得"这人好像是在作弊"，但是，其实绝不是这样。因为，并不是自己躺着而对别人说"你帮我把这事做了"这么简单。

信赖他人与偷懒，是完全不同的两件事。

 能够借他人之力，工作会上一个台阶

借助自己以外的人的智慧与资源是在工作中出成果所必需的技能。

如果不这样做，工作很难顺利进行。勉强进行下去或许可以，但是需要花费很多时间，而且不一定有很大的成果。

接受"自己一个人是成不了事的"这个观念，就能变得谦虚。这样的话，和相关人员沟通起来也会变得顺畅，帮助自己的人会增加。

这样，工作就会变得顺畅，不知不觉中成果也就会浮现出来，最终，工作也会变得令人愉快。

"信赖他人"是一门技术。

我想有很多人，天生性格做不到这一点。但是如果学习到这个技巧，你现在的工作就能够更上一层楼。依靠他人的力量，是一种高级技巧！

划重点

- 一个人发愁、想要自己一个人解决，工作很难顺利进行。
- 怀着感恩之心，借用他人的智慧与资源吧！
- 我们很难一个人生存。依靠他人的力量吧！

工作的烦恼 第四位

介意领导与公司的评价

我非常介意领导、公司对自己是如何评价的。因为我工作很认真,所以我想公司的评价不会太差,但是行动时,我经常考虑周围人的目光,因此非常容易疲劳。我想要不介意评价,更加自由地工作。

(30多岁的女性)

我理解你的介意，但是这不是"评价的本质"

 公司为什么要评价职员？

介意上司、组织对自己的评价，我想每个人都是这样。是的，要是有人说他完全不介意，那是假话，连我都介意评价。

但是，回到最初的地方思考一下吧，你认为评价是为了什么而存在的呢？

评价是为了明确这个人的职能、位置，是为了把握、评估一个人在公司里占据怎样的职位，职位所要求的能力与实际能力是否匹配之类而进行的。

然而，你把获得好的评价当作了目的。我想，你没有把握住评价的本质。

 对于手段与目的的误解

由此，你所介意的不是评价的内容，而是评价的好坏。

每个人都想获得优良评价。这样的话，终极的回答就是，"只要去到一个不埋没你、能让你有安全感的组织或公司去就好了"之类的了。

但是,并不是这样。你不是希望去到这样的公司,也不是在问这个问题。

如果我以上的分析是对的话,那么与其介意评价的"好坏",不如关注一下评价的"内容"。真诚地接受别人认为你不足的地方,努力弥补。当然,如果有表扬的部分,也怀着感恩之心接受它,直率地表示高兴就可以了。

只要是"评价",不能否认就一定会有"好坏"。文章的开头,我说我也很介意评价,就是这个原因。每个人都不想得到不好的评价,都希望获得好的评价。

但是,把评价当"手段"或者"目的"是不太正常的,这就是我想说的。

不要被数字牵着鼻子走

在临床上,我偶尔也会让患者做些心理检查之类的小小评估。

因为是评估,因此就会得到一些数字形式的结果。我一直告诉患者,不用关注一个个的数字,只要关注整体感觉就可以了。

这个人心中的各种要素的整体平衡比较重要。即使一个数值很高,如果和其他项目的差距特别大,就会打破平衡,容易产生一些问题。另外一方面,即使数值整体偏低,但是如果没有高高低低,就因为比较平衡所以也不太会出问题。

而且，即使检查结果为不平衡也不用悲观。"那我就有意识地提高这个得分比较低的部分吧。得分高的部分是我的强项，所以要进一步发展。"如果能够这样想，评价就不过是向前进的积极思考的"手段"。

如果被客观评价的数字本身吸引了注意力，就容易看不到重要的事情。人们从小就过于习惯在"优劣""顺序"的系统里被评价，可能有很多人，长大了以为"优劣""顺序"本身就是目的。

但是，评价不是目的，更偏向于是手段。请记住这点，就可以避免被牵着鼻子走了。

划重点

- "评价"是为了把握自己的职能与位置。
- 评价不是目的而是手段。
- 与其关注评价好坏，不如关注评价的内容。

工作的烦恼 第五位

没法顺利指导下属

我升职了,第一次有了下属。然而,我没法和下属顺利沟通,因此指导也不见得做得好。下属看上去不是很想要好好工作,搞得我心里也很烦躁。

(30多岁的女性)

你有没有切实地说一些"可有可无的话"呢?

 首先是要培养信赖关系

我想先提个问题,你平时和团队的成员是怎么说话的呢?如果你只讲工作上的事情,那么和下属相处不好也不奇怪。上司与下属,并不是一种单向的命令系统中的关系,说到底,只是一种"人际关系"。

如果上司只从业务的必要性的观点来和下属沟通,那么下属很难信赖上司。和自己不信赖的人的沟通理所当然顺畅不了。

也就是说,你所说的"指导也不见得做得好",它的原因有可能是没有充分进行人与人之间的沟通,没有培养出信赖关系。

 "一对一"的目的并不是联系业务

其实,上司与下属培养信赖关系的共享信息的机会,在于"一对一"会议。有的公司,会把这个会议叫作"面谈""定期会议"。总而言之就是上司和下属单独面对面的场合。

作为职业健康医师,我遇到因为做不好"一对一"而烦恼的人相当多。上司会愁"不知道说什么好",下属会觉得"和上司面对面的时间好难挨"。

作为上司,可能不知道说什么好,所以光确认工作上的事,问"那个在做吗?""这件事情现在怎么样了?"然而从下属来看,"一对一"只能是被上司质问因而是尴尬的场合。这样,就完全谈不上培养信赖关系了。

我建议,站在带领下属的上司角度把"一对一"想象成为了解下属所设的时间就好了。

下属喜欢什么,讨厌什么,在想些什么,对什么有兴趣,爱好与梦想是什么,想要做哪些事情,等,上司越想知道对方是怎样的人,就越能够和下属缩短心与心的距离。

必需的是"想要了解对方"的愿望

另外,严肃地发问对方"请你描述一下你未来理想生活的愿景"之类,搞得像就职面试一样,是没有意义的。这样做,对方会感到紧张,结果反而会拉开距离。

那么,怎么说比较好呢?极端点说,就是聊天,聊生活中可有可无的事情。在这样和工作完全没关系的对话中,能看到对方的性格。

聊天聊得越多,你就越能了解下属,下属也会对你越信赖。

这也就是说,指导下属这个工作,沟通能力很重要,可以说,需要"聊天能力"。

但是,也不需要把天聊得很顺畅、过于火热。你应该也见到过,不太擅长说明,但是非常拼命工作的让人恨不起来的销售人员。只是这样的人,销售业绩相当好。因为打动人心的,不是表面的信息,而是"心情与气氛"。

即使上司不太擅长聊天,只要能够用行动对下属表示"我想了解你,我也想让你了解我"的诚意,打动下属的心就可以了。

如果想要成功地指导下属,首先要对对方有兴趣,互相自我展示。请牢记这些,从培养信赖关系开始着手吧!

划重点

- 通过积累有的没的的聊天来培养信赖关系。
- 展示自己想要了解对方,也希望对方了解自己的诚意。

工作的烦恼

第六位

努力了却得不到肯定与认可

我想努力工作,但是在职场上好像并没有得到积极评价。也有一些成果,如果能被更加认可的话我会很高兴,但是并没有。这样下去,我对工作的热情会渐渐地被消磨掉的。

(20多岁的男性)

从三个观点来重新评价自己的工作

 "我努力了"是一种主观感觉

明明努力地工作了,但是感到这份努力没有获得承认,这是非常令人遗憾的事情。如果获得了工作的业绩却不被承认的话,那么这里可能不太适合你发挥自己的能力。更差的情况下,请考虑一下调换工作岗位甚至跳槽。

但是这里有个注意点,"我努力了"往往是主观感觉。有可能,对于小王来说认为自己是"尽力了",对于小李来说却是"还可以再努力吧,还不能算是努力吧"。

也就是说,你所说的"努力"是不是客观来看能值得被评价的水平。对于调换工作岗位与跳槽的探讨,在确认这一点以后再考虑也不迟。

下面介绍重新评价自己工作的三个观点。

在这里我介绍一下在判断时的三个方针

1. "主观能动性"——是否是积极主动地在工作呢？
2. "和他人的协同性"——是否能够带动他人？
3. "业务的影响力"——是否给组织带来了明确的利益？

第一点"主观能动性"指的是，是否从心底积极推进工作呢？如果流露出了不那么情愿工作的情绪，或者是埋怨被人强塞了工作不得已才做的情形，有可能会被周围的人认为是没有干劲。

第二点"和他人的协同性"指的是，是否能够和他人协同展开工作，是否一个人思考工作，不与他人商量，自己一个人决定。把业务分散给其他同事、积极获取同事的协助也是考量协同性的一个方面。第二点之所以重要，是因为评价你的努力的是"他人"。如果不与其他人协调，那么你在做什么，别人很难知晓。

第三点是"业务的影响力"，如果不能为公司带来利益，那么即使劳心劳力，很遗憾，也很难得到积极评价。比如即使后勤员工说"疫情期间我每天努力为公司的桌面杀菌"，这能看成为公司提升业绩做贡献吗？我想，大概很难（当然，并不是说杀菌这个工作本身是坏事）。

你所做的努力，对组织来说有怎样的意义呢？给周围人带来怎样的影响呢？如果能够明确这些，那么我想应该能更容易获得来自他人"他努力了"的积极评价。

 **重要的是,不要一个人突击**

有可能有读者会说,"但是,我的工作都是一个人完成的啊"。没事的,"和他人的协同性"不是难事。好好和上司汇报工作进展,在迷失方向时找人商量,能够完成这些就够了。

如果你是自由职业或者是外包等形式工作的人的话,那么"和他人的协同性"是指与客户、甲方沟通联络;或者,有家庭的人,和家人沟通调整自己的日程,等。

无论何种情况,为了客观评价"努力了",你需要行动起来,做出一些让别人觉得"他正在努力呢!"的事情。

一个人突击到最后,对别人说"我已经努力了,请你给我个好评",但是对方很有可能会说,不行,不行,我没看到,也没参与,所以我并不知道你到底有没有努力。那是非常可惜的。好好地向周围的人展示、分享一下你的努力吧!

划重点

- 评价是否努力,需要从他人的角度出发思考。
- 从"主观能动性""和他人的协同性"和"业务的影响力"三个观点来重新评估一下自己的工作吧!
- 在工作中有意识地让别人参与进来,与别人分享自己的努力。

工作的烦恼 第七位

得不到希望担任的工作

我进入公司后,就安排我去了并不想去的部门。好羡慕一同进入公司的那些如愿以偿到自己想去的岗位的同事。虽然说以后岗位会有调动,但是已经过了好几年了,至今没有这个迹象……

（20多岁的女性）

你的意愿是不是表现得不够呢?

 不要期待身边有人能猜到你的想法

首先请让我确认一下,你是否充分表达了"请让我担任这个工作!"这个意愿呢?因为偶尔也会有人,不会用行动表达这个信息,而是因为做不了想做的工作而在内心闷闷不乐。

如果身边有人能够推你一把,主动提出说"你好像比较适合做这个"就好了呢。但是,令人遗憾的是,他人不可能察觉到你内心的想法并把它说出来。公司里有人顺利地调动到了自己理想中的部门,活跃在工作舞台上,但是其实,这虽然看上去是偶然,却是必然的产物,这位同事本人应该非常踏踏实实地在努力。

我倒也不是说你还不够努力。不过,既然有那么多的"意愿",那它相应地会散发出能量,向周围展示出来。这也是值得努力的事情。还有人因为没有想做的事情而感到困扰,所以请你珍惜你的这份"意愿"吧!

划 重 点

- 多积极地向周围的人表达意愿,即使被人觉得聒噪也无妨。

工作的烦恼

第八位

想要辞职，却怎么也下不了决心

我觉得现在的工作不太适合自己。但是为了生活，必须要赚钱，所以也不能马上辞职。总是想着要辞职要辞职，但是一直凑合着拖拖拉拉地干着工作。

（20多岁的女性）

带着模棱两可的心情，即使跳槽也有可能干不好……

如果不能和"为了生活"划清界限的话……

把工作划分为"生活的手段"不是一件坏事。因为可以在工作之余尽情享受喜欢的事情，比如兴趣爱好或志愿者活动之类的。

对于不能够这么划分的人来说，就必须把想要干的事情与工作相结合。如果是这样的话，首先要找到愿意认真去做的事情，继续拿出之前好几次出场的"意愿"来说。

如果你回答我"哎呀，找到意愿这个东西也很费工夫呀，还是想辞了现在的工作啊……"的话，那我可以毫不客气地说，即使环境有所变换，你也有可能得不到很好的结果。

彻底思考"我想干什么"，并不是件坏事。思考、行动、尝试，即使最后得到"啊，还是不太对"的结论，这也会成为一种经验与判断标准，并不浪费人生。

对于人生来说，我认为过程大于结果。

划 重 点

- 要想找"想做的事情"，首先要知道自己的"意愿"。

工作的烦恼 **第九位**

忍受不了工作压力

在高难度的工作面前,我会害怕失败从而采取保守策略,最后在无功无过的位置低空飘过。我受不了那种不知道自己行不行的压力。

(30多岁的男性)

那份工作，有可能是你成长的机会哦！

 "周围人的期待"与"自己的意愿"是否发生了分歧？

影响力比较大的工作、需要比你现在的水平高出许多的工作会给人带来很大压力。但是，无论如何，这些工作都会增加你的经验值，所以想干就勇敢去挑战吧！但是，如果无论如何也提不起干劲儿的话，那有可能是"周围人的期待"与"自己的意愿"发生了分离。和上司商量一下会比较好。有可能，会帮你卸掉一部分重担，也有可能为你负担一部分责任，找到解决策略。

反过来说，如果工作比你的能力、意愿要低很多，也应该找领导商量。总之，如果不能积极乐观地工作，请不要勉强努力，觉得有疑问的时候，不要一个人烦恼，要和周围的人商量。

但是，如同开头所说，只要有意愿，高难度的工作会成为你成长的机会。请借助周围人的力量，挑战一下试试看！

划重点

- 如果对工作的难度有疑问，请和上司商量。

工作的烦恼 第十位

无法熟悉工作

我跳槽已经有半年了,总是记不住工作内容、公司架构之类的东西,也时常紧张,所以总是犯错。而且同样的错误可以反复好多次,自己都觉得不好意思。

（20多岁的男性）

"调整环境"或许才是先决因素

优先记忆大的框架

"熟悉工作"，其实不是单纯的记忆问题。这个部门及它的业务对公司来说的定位、工作量有多少、涉及的人有谁，记住这些大框架部分才能顺利推进，也可以帮助你记忆工作上的细致内容。

这些对于公司的新员工、刚调动岗位的员工来说是非常不利的。这些员工正因为环境变化了才感到紧张，所以记得住的东西也记不住了。

建议首先从外围做起——有意识地融入周围，把握住工作整体的流程与优先顺序。看上去这是在绕远路，但是其实有可能是最近的道路。

另外,如果有至今为止因为这个事情碰了好几次壁,陷入了记不住工作内容而跳槽的恶性循环的读者的话,那有可能是胆量和耐心的问题,找精神科医生聊一聊也是一个办法。

划重点

- 有意识地去理解大框架,而不是细节。

工作的烦恼
前十位

第一位 | 感觉不到工作的价值

→ 感觉不到工作价值,是因为没有工作意愿。

第二位 | 远程办公令人不安

→ 发挥想象力,有意识地做到"三关"。

第三位 | 工作不顺利,很难受

→ 我们很难一个人生存。依靠他人的力量吧!

第四位 | 介意领导与公司的评价

→ 与其关注评价好坏,不如关注评价的内容。

第五位 | 没法顺利指导下属

→ 展示自己想要了解对方,
也希望对方了解自己的诚意。

第六位｜努力了却得不到肯定与认可

→ 在工作中有意识地让别人参与进来，与别人分享自己的努力。

第七位｜得不到希望担任的工作

→ 多积极地向周围的人表达意愿，即使被人觉得聒噪也无妨。

第八位｜想要辞职，却怎么也下不了决心

→ 要想找"想做的事情"，首先要知道自己的"意愿"。

第九位｜忍受不了工作压力

→ 如果对工作的难度有疑问，请和上司商量。

第十位｜无法熟悉工作

→ 有意识地去理解大框架，而不是细节。

为了保持零压力状态，精神科医生所做的事情

 为了保持精神健康，有必要下功夫

我正因为是从事这份工作，所以刻意保持着精神零压力。但是，我并不是天生就是这种性格，我是通过经历了各种事情，适度地改变自己，适应了情况。

然而，现代社会追求速度，数字高度信息化，人仅仅是活着就容易有压力。如果想要毫无压力地生活，那么需要自己下功夫。

为了保持精神健康，特别需要注意社交软件的使用方法。在正文中我也曾提到，沉浸在手机的世界里是有点危险的行为。

虽然这么说，但是手机、社交软件已经成为现代人生活不可欠缺的物件。对于怎么做才能够不累积压力呢，每个人都要摸索属于自己"恰当的距离感"。

比如在登录社交媒体的时候，手指经常会不由自主地快速往上划。但是我会刻意认真地阅读每一个发言，仔细想想各种各样的事情的背景，让自己能够由衷产生同感、赞赏之类的感情。

对于"我们的孩子诞生了！"之类的报喜，我会去想象，这两人是在哪里第一次遇到的呢？职场？还是业余爱好活动的时候？这两个人相遇、有缘结婚，孩子作为他们两个人相遇的结晶出生……这样，就会自然而然生出一种"真是个好消息"的愉悦之情，能够像他们的朋友一样从心底祝福他们，而不会觉得自己只是一个局外人了。

 幸福的消息成为"威胁"，是因为不停地"向上划"吗？

然而，如果没有这样认真阅读每个帖子，只是不停地"向上划"的话，很有可能只能发出"好厉害！"之类的感想。这是非常肤浅的感想。原来应该积极思考，羡慕地想"真不错！我也想有这一天"，但是现在却变成了"唉，虽然说不清楚为什么，但是看他们好像挺幸福的，真狡猾"，生出了一种嫉妒心。这就是幸福的帖子成为了自己的威胁的例子。

在还没有习惯想象每个帖子背后的故事、编造一些故事并为之所动的这种手法之前，这么想象让人觉得有点麻烦。我开始时，也是花了相当多的时间，熟读了一个个的帖子。

但是现在，我已经完全习惯这种做法，一旦开始读，大脑就开始自动想象令人感动的场景。这种感觉，有点像相机唰的一下聚焦到了重要的表情与动作上。

请大家也试试看，这个很解压！

解压必杀技——"哭之净化仪式"

除此之外，如同本书各处所写的，我能够保持零压力是由于经常表扬自己、好好睡觉、在家里悠闲点之类的技巧，还有一个没有写出来的方法，直截了当地说就是"哭"。

哭是一种非常好的解压方式。人如果不隐藏自己的感情，就比较难积累压力。哭这个行为，正是感情的直接流露。

到我的诊所来的患者中，有很多人明明不用那么忍耐，但是却一直忍耐着。压抑、忍耐了自己真实的感情，结果他们无论是场景上还是感情上，都成了"想哭但是哭不出来"的人。

被压迫到极限的人，很快会连笑也笑不出来。这时候，我就会建议，如果推不动那就拉一下，如果笑不了的话，那么试着哭一下看呢？

于是，他们一直以来被压抑的情感喷涌而出，眼泪就像决堤的河水一样流下来，哭完了以后，他们的心境都变得明朗起来。

对了，我也是爱哭鬼。看儿童节目也会哭鼻子，遇到困难更会毫不顾忌地哭泣。

工作上有烦恼的时候，忍啊忍，把想哭的心情一再提炼，提到最高点，然后一泻千里。哗……啊，这的确是不太好意思的事情，所以在只有一个人的时候哭吧。这是非常舒服的一件事。

哭泣这个行为，并不是认输，也不伤害别人，怎么说呢，是自己给自己的感情做个了断的感觉。作为一种自我安慰的手段，对我来说是某种"净化仪式"。通过痛快哭泣，我会感到自己得到了净化。

孩子们遇到什么就会马上哭。但是他们一直都是若无其事满不在乎的样子。大人也可以在合适的场合，适度地哭一下。没有理由去忍耐。

在文章的开头我也提到，我们生活在一个非常容易抱有过多压力的时代。适度的压力能成为人努力的动力，但是对于现代人来说，压力太多了。

与威胁自己的信息保持适当距离，重视自己的心情，好好地珍惜自己活下去吧！

第五章

日常的烦恼

日常生活中,
也有很多隐约的烦恼,
我归纳了一些。
有人可能会觉得小题大做,
但对有些人来说是切实头疼的烦恼。

日常的烦恼

第一位

为了一点点小事就焦躁不安

我并不是那种容易对别人发怒的人,但是最近,总是对着一些小事情焦躁不安。听了同事的自夸以后内心有点恼怒,下属犯了错误的话我也会想要"啧啧"。因为之前我并不是那种易怒的人,所以自己都觉得有点不可思议。没法控制自己更让我感到焦躁不安与不爽。

(30多岁的男性)

越是温厚宽容的人，越是容易发现自己的焦躁不安

 焦躁不安是对自己的"警钟"

为了一些小事焦躁不安，为这种事情烦恼的人可不少哦。

正因为你原本不是易怒的性格，所以才会来找我咨询。这样的人在其他人眼里，都是和易怒性格八竿子打不着的稳重、宽容的人。可能，正因为原来比较稳重，所以对自己心中激烈的感情比较敏感。

没问题，易怒是有原因的。原因并不一定就是"生气的对象"。不如说，将你逼入这种精神状态的"状况"才是问题。这样想来，易怒这个现象或许是自己给自己敲的警钟。

 为了整理状况而提问

前几天，一位有社会地位的人也为了同样的烦恼造访了我的诊所。从他人的视角来看，他工作顺利、拥有家庭，朋友也很多，看上去没有任何问题。

我问:"你在什么样的情况下会发怒呢?"虽说是"易怒",但是也不是一直在发火吧。这位先生的回答是这样的:

和老朋友联系,对方却没有回音的时候;
下属做的文件非常敷衍的时候;
一直去的店临时休息的时候。

乍一看,这些场景没有什么关联。
但实际上,这里的重点在于这位先生注意到自己并不是对于某些特定的事情发怒,而是随便就会打开发怒的开关。
接下来我问了以下的问题:
"你从何时开始注意到自己有这样的倾向的?"
"最近你身边是否曾发生大的变化或活动?"

这位先生所举出的大的变化是"升职"。
于是,我抓住机会问道:"升职是一件很好的事情,离易怒好像很遥远呀。"
听到我这么说,对方的表情阴暗下来:"其实并不是这样。"
在对话中,我了解到,公司对这位先生的期待与这位先生自身希望发展的方向有所不同。而且,没有人愿意倾听这种烦恼。的确,很多人听到这位先生说"我升职了但是和自己希望发展的方向不同",一定会误解为是一种炫耀。

 说出丧气话与内心不安的重要性

简单明了地说,这位的内心失去了余裕。升职让身边的人都感到羡慕,但是这位先生的内心却高兴不起来。每天背负着这样的烦恼生活。这种情况夺去了平时沉稳宽容之人内心的余裕。所以,发怒的原因看上去也没有什么共同点。

一旦说给我听之后,这位先生带着如释重负的表情回去了,连脚步都变得轻快了。

你是不是想"什么?就这样?"不不,这个机会其实是非常重要的。在适当的场所,能够安心地吐露出自己的某种丧气话与不安。如果做不到,人的内心会越来越脆弱。

回到开头你所说的烦恼。你首先也整理一下自己最近的状况怎么样?在整理的时候,可以参考刚才我提出的问题。

还有就是,找一个自己不害羞或者不介意自己事情被知道的朋友来一次畅谈,也会让人意外地感到清爽。

划重点

- 无缘无故发火,有可能是因为内心没有余裕。
- 整理最近发生的事情。
- 如果有丧气话与不安,就要说出来。

日常的烦恼

第二位

不知道怎样才能好好休息

医生，我不知道怎样才能好好休息。身体很疲劳。虽然能睡着，但是只要有事情没完成，心里就牵挂着，不知不觉就又开始工作。即使公司给我安排个三天的小长假，我脑海中还是会浮现出各种工作的计划，结果总是推迟休假。

（30多岁的女性）

不用刻意休息，相反，放慢工作的步伐如何？

 给工作狂的特效药

所谓工作中毒的人，也是有的。不感到工作是痛苦的事情，我觉得这一点相当不错。

虽然这么说，你一定也会想，能休息的话我也想休息。因为有工作所以没法休息，但是如果休息的话想要安宁彻底地休息。

但是，这种类型的人，让他们马上、安心地闲下来是非常难的。

所以，不用刻意休息。

相反，我建议，比平时更加慢悠悠地、仔细地工作。如果要在珍贵的休息日休息的话，试试看和之前不同的工作方式。

 用身体感受张弛

比平时更加慢悠悠地、仔细地工作到底是什么样的事情呢？

这很简单。把动作分解为一步步，仔细、周到地完成就可以了。和字面意思相同，用慢速度做就可以。

请你不要说"这么做会怎样呢"这样的性急的话。因为虽然看上去很简单，但这可是我的独门秘方。慢悠悠地工作，有什么效果，我现在来给你说明。

试着想象一下，至今为止都是坐地铁、公交或者汽车这样的交通工具上班的人，沿着同样的道路徒步行走会有怎样的体验呢？

在步行的时候，这个人一定会有新发现，发出"天气真好，阳光很耀眼。""在这种地方居然有条小路呢！""这家人把院子修得真不错！"之类的感叹。因为，步行时和高速移动时候所看到的东西并不相同。

相同的体验，在刻意降低工作速度的时候也能够体验到。你可能会发现一些之前没有注意到的事。"这个工作，一直平淡完成了，但是还挺有趣的。""这里这么做的话，结果就可能不一样。"

仔细工作可以提高工作效率

工作狂往往会在时间允许的前提下，在自己的日程表里塞满工作任务，一件紧接着另外一件做。虽然可以说是"有效率"，但是我想，有可能忽视了工作的轻重缓急。

尝试刚才介绍的方法以后，就能够体验到"张弛有度"。当然，没有必要在平时就慢悠悠地工作。利用这次体验所得到的感受，下次再继续充满干劲地工作就好。

我期待你在体验了"张"和"弛"之后，能够少许改变一点工作的干劲、对待工作的态度与感受工作的方式。这话听上去有点讨好你，但你会更加喜欢工作。

不仅如此，即使实际上用慢速工作，实际的时间也不会比想象的多很多。花的时间多了，理解的程度也有所增加。这其实是有效率地开展工作时非常重要的一点。也就是说"磨刀不误砍柴工"。

能够用身体体会到工作上的张弛之后，就能渐渐找到休息的方法了。

你会渐渐学会散步或者放空思考之类的事情，总有一天，你会感到，"啊，这就是休息啊！"这样，工作与私人生活之间就有了张与弛。

工作也好，私人生活也好，一成不变的工作是很无味的，希望你能够分清缓急，能够在两个方面都得到乐趣。

划重点

- 不知道怎么休息的人，不休息也可以。
- 在休息日，刻意慢悠悠地、仔细周到地工作。
- 用身体体会"张"与"弛"。

日常的烦恼

第三位

休息日也因为介意工作不能安心休息

我的手机是公司配给我的,休息日也介意那个手机,不能安心休息。每次有电话打进手机的时候我都会吓一跳。我并不讨厌工作,但是休息日想要好好休息。

（30多岁的女性）

客观看待不安

  "不能安心"是不安的计量器

智能手机得到普及,上下班的划分变得困难。休息的时候也担心工作方面的联络……嗯嗯,我很理解。还有你所说的,工作日无论怎样都行,但是休息日想要好好休息这种感觉。

这个烦恼,乍一看,和之前的"不能好好休息"非常相似,但是它实际上和"不安"有关。听到电话铃声会吓一跳,是对不希望发生的事情发生了以后的讨厌、恐惧的心情的表现。在想好好休息的休息日里,有着这样的心理状态,是非常难受的。

  担心的事情其实不太可能变成现实

一个有效抚慰不安的方法是"客观看待不安"。

比如,在现在这个瞬间,飞机从空中掉落的概率有多少?那么,壮汉突然闯进来的概率呢?反过来,传来没有预想过的好消息的概率又是多少?以及,你突然被告知,你其实是富二代,只是被普通家庭抚养,生父生母有一笔遗产需要你继承,这种概率又是多少?

这些,都是不能说完全不可能,但也是不太会有的事情吧。
"不安",也是一样的。
有可能发生的事情,其实不太可能发生。
有可能你所感觉到的不安是有人电话通知自己发生了非常事态,即使休息日也必须应对。但是,这种事情发生的概率有多少呢?冷静地想想,应该不那么高吧。

事先做好内心应对方案

这种把处于状况中的自己放在一定距离考虑的想法是"元认知"。我在第三章"介意各种各样的事情,无法集中精神"中也介绍过。这种认知方式让人像观察他人一样观察另一个自己。

客观看待不安,说到底也是一种元认知。如果你能通过思考认识到,其实自己不需要那么不安,就成功了!

也有可能你会说,"不不不,在我的生活中,这种非常事态发生的概率的确相当高",在休息日也必须应对客户的工作,在公司里,这种事情的确非常常见。

如果是这样的话,那就不是"如果发生了怎么办"这种可能性的事情,而是以发生为前提来考虑比较好。自己事先决定一下规则,当有电话联系到自己之后,自己的应对是"联系上司"或者是"着急的事就马上去应对,如果不是就在计划应对的当天联系",等等。

接下来,按照这套规则应对就可以了。烦恼"要是发生了的话怎么办"是浪费时间。

如果有读者觉得,自己的心理准备没有做到这么充分,依然在介意手机的话,那我教你一个小技巧,做到尽量不介意工作用手机。

担任销售的时候,我在休息日把手机设定为驾驶模式,几乎不应对工作的联络。这样电话一旦打进来,自动应答会说"你拨打的用户现在正在驾驶,无法接听电话"。

听说,有个朋友删掉了自己私人手机里所有的公司信息;休息日,有余力的时候偶尔会看一下工作手机,但是没有余力的话就设定为夜间模式,不显示通知;还有个办法是把手机放在包包的深处,尽量不去看等。

这样做了以后,至少从心情上能够有一个切换吧。请好好休息!

划重点

- 不能安心是因为不安。
- 通过"元认知"客观看待不安的原因。
- 事先做好应对紧急事情的预案。

日常的烦恼

第四位

太忙了，无法放空自己

我的每天都非常忙碌，有公事也有私事。虽然可以说很充实，但是总的来说每天快忙死了，仅仅完成每天的工作就精疲力竭了。精神上也非常疲劳，想要有时间面对自己，但是没有时间与精力。

（30多岁的男性）

没有终点的马拉松是没法跑完的

 没有定下终点却一直奔跑是非常令人疲惫的事

每天都非常忙碌,有公事也有私事,每个人的人生都会有一段这样很忙碌的时期。如同你所说的那样,这可以说是充实,但是自己却觉得辛苦。

因为身心疲惫,所以有必要留出时间和自己面对面。

尽管这么说,但是没有那样的时间和余裕。那么,至少请有意识地为"奔跑"决定期限。

不过,忙得要死的时候,都是不太能看到时间的计划安排,生活容易搞得乱七八糟的。

本来应该安排好优先顺序,有计划地去做,做完了也有成就感,然而是如果连考虑的时间都没有,那就像没有终点的马拉松,对精神是很大的负担,也是一种消耗。

所以,首先明确"短期目标",每次达到目标后细细品味这种成就感。

在一系列的活动之后,就有了张弛,这总比每天都忙得要死的感觉要好吧。

 扎扎实实完成短期目标

比方,有一个"开一家自己的咖啡馆"这样的任务。那么就将它拆分为"定下店的位置""设计菜单""决定价格"等较细致的内容,并将这些定为"短期目标"。

如果仅仅是关注于"开一家自己的咖啡馆"的大目标,那么达成目标的道路又长又险,途中很容易让人感到疲劳。但是随着进度随时设定一些短期目标的话,那么沿着道路的行走就有了张弛,每次都会有小小的成就感,"很好,首先搞定了一件事情""又搞定一个""已经做了三件事啦!"这就是分解目标的一个好处。

我建议,每做完一件事,就给自己准备一个小小的奖励。去吃点好吃的,或者好好休息一天,或者买点自己想要的东西。

这样,达到一个个短期目标,产生的成果累积起来,最终能够达成中、长期的目标。

 感到"无边无际"就会痛苦

习惯于"定下冲刺的期限""累积短期目标的达成"之后,总有一天,即使忙于每天的工作,也不会觉得被每天忙碌的工作所困,因为,已经学会了倒过来设置目标。

不过，最开始不需要特意意识到这一点。

就像某个企业家即使突然宣称"每年营业额想要达到几十亿"，但是不知道从何做起，做什么最有效率。

类似地，不习惯分解目标的人，在突然出现的长期目标面前，只会感到"没有办法""路太长了"，产生不了任何动力。与其这样，不如想，我为了达成这个星期的目标，要努力一个星期。在此之前，好好休息一天。这么想的话，才能够有持续努力的动力。

我的实际体验也是这样。如果光想着一天的患者名单，就会想到，今天有30个患者啊，真是累……但是如果把注意力集中在一个个患者的名字上，想着"啊，之前我给这位患者换了药，不知道会不会有所变化？"或者"好久没有见到这位患者了。是否有所好转呢？"就会有努力的动力，工作效率也不会低。

人生也好工作也好，都和马拉松一样。

细细设置小目标，感受小小的成就感，切实地向前迈进吧！

划重点

- 忙到飞起的时候，在时间方面也容易失去张弛的节奏。
- 设立"短期目标"，经常感受成就感。
- 将注意力集中于眼前的目标的话，有助于提高干劲与工作效率。

日常的烦恼
第五位

家并不能给我安心感

我和家人处得不太好,回到家也不怎么开心。家并不能给我安心感,所以在职场滞留的时间越来越长。现在还年轻,工作需要我,所以没什么问题,但是想到老了以后整天在家,就有点担心。

(30多岁的男性)

在家有安心感
还是需要下功夫的

 你在职场发挥的强项是什么呢?

无论在哪里,有安心感是好事。你感到在职场上被人需要,这是一件幸福的事情。

对了,你认为自己在职场上有存在感是为什么呢?你一定会说,是能够发挥你的优点。那么,你的优点是什么呢?能够具体列举一下吗?

你列举了几个呢?那是你的长处、强项,也就是武器吧。正因为有了这些,工作才需要你。

那么,你能不能把这些强项发挥到家庭里呢?

家人知道你的强项、魅力吗?你的强项如果能在家庭里发挥,哪怕是一点儿,家人对你的印象也会有所改变吧!

 为了在家有安心感

我这个方法也有一点令人担心的地方,即一直只发挥强项,人会感到疲劳。

偶尔也会有人上下班都一直保持兴奋状态和姿态,但是大多数人都依靠着上下班的一张一弛有规律地生活。因此,在职场发挥的特征与能力并不一定能在家庭继续发挥。也不是说不能,但是一直保持的话会疲劳。

比如我,我在工作中一直是作听众的角色,有人会想,我在家应该也很擅长聆听吧。不,如果是这样的话,我的妻子心情应该会很好,家庭也会很和谐。

但是,我发现自己在家继续作听众的话实在太累了。我想,是不是让别人听自己说比较轻松,因此也试过对妻子不停说话,结果也不行,还是很累。最终找到的答案是,"发呆"。

所以我在家,一直是一种茫然的状态。见到我这样,孩子甚至会担心地问"爸爸你怎么了"?但是,这是对我来说最轻松的在家的状态了。

和家人商量"想要如何过日子"

你可能会反击我说"能够得到家人的理解真不错啊,但是我家可不是这样"。其实,这里有一个超级重要的点。

这就是,我把找到最佳答案之前的各种尝试与错误以及感受都好好分享给家人了。

如果一个人进行探索的话,有人会觉得这是一种自我中心。

如同第二章"过于专注工作,和家人相处得不好"里所介绍的,我家的分工是"我——工作、妻子——家务与育儿";但是即使这样,如果妻子不能够理解我是怎么想的,她就会感到不安并误会我。

但是因为我好好和她沟通过,所以妻子可以和孩子们解释"爸爸工作太累了,所以不用管他"。对于这样的妻子,我一直很感激,我也一直尽力把这种感激之情表达给她。

说了很长一段我自己的事情,不知道有没有给你一点启发呢?想要在家有安心感,这是非常正当的愿望。正因为在外面努力工作,所以希望在家能够放松。

把这种想法直率地告诉家人,商量如何度过在家的时光吧!同时不要忘记运用第二章所介绍的"想象力",表达你对对方的照顾之心。

划重点

- 想想看,你在职场发挥的"强项"是什么?
- 一直发挥强项会容易疲劳。
- 和家人商量一下想要如何度过在家的时光。

> 日常的烦恼
>
> 第六位

想到年过六十还要继续工作就很郁闷

都说"人生在世一百年",但是说实话我真的很讨厌这句话。据说即使到了60岁还必须工作,这是真的吗?即使是现在,每天工作已经够受的了,想到老了还要继续过这样的日子,我就打心底觉得讨厌。

(20多岁的男性)

我们现在正处在"工作就是生活"时代的转折点上

 如果工作只有"义务感"的话,那工作就变得十分让人厌恶了

"到了60岁还必须工作吗?"这样的话,隐藏了你"60岁以后想要轻松地生活"的想法。从忙碌的日子中抽身,悠闲地过日子的愿望,我当然可以理解。

我个人是想要把现在的工作干到死的。不过,你或许并不是这样。你悲观地问:"到了60岁还必须工作吗?"。我和你之间到底有什么不同呢?

我想,不同在于,认为工作有怎样的意义。我是想要做现在的工作而选择了现在的工作,所以我能够从每天的工作中感到价值感与乐趣,还有一点点使命感之类的东西,正因为这样,我才想一生做这个工作。

当然,工作并不是只有开心的事情。劳动本身是辛苦的,也正是如此,人能够得到金钱作为交换。

但是,你过于把工作看作是生活的手段。工作是生活的手段,所以只要活着就要工作。这么想的话就感到厌烦,这种情绪我也不是不能理解,因此你有一种非常被动的感觉吧。

 "为了生存而工作"的时代已经过去了

"为了生存而工作"还是过去的常识,同时也是具备终身雇佣、完善的养老保障的时代。

然而到了今天,已经没有人在用"终身雇佣"这个词了。谁都不能保证老了以后能有一个安定的生活。从学校毕业,进入一个企业,固定工作到退休,退休后安心安全的生活就等着自己……这样的日子已经成为过去的遗物。

生活在如今的我们,抱着和过去相同的期待似乎有点说不过去。日子还很长,而且不会开心。无论如何工作,怎么也涨不了工资,一直工作也得不到退休后的安心保障,所以只能把工作划为"生活的手段",这是不是条件过于恶劣了?

如果是这样的话,应该如何看待工作呢?

我觉得,只要想"工作就是生活"就可以了。与其说是手段,不如说是目的本身,也就是生活本身。

正因为"工作就是生活",所以想要避免过于辛苦过于无聊的事情,得到一点工作价值与乐趣。如果能从事这样的工作的话,"过了60岁还要工作真是讨厌"这种想法本身应该也会消失。

 让自己向快乐的方向逐渐靠近

那么,怎样才能切换到"工作就是生活"这样的工作观呢?这个问题我其实已经回答过好几次了。是的,只要找到"意愿"就可以了。关于这些,可以参照第一章"不知道自己能做什么"和第四章"感觉不到工作的价值"。

终身雇佣已经成为过去。当今社会,为了提高职业技能、促进职业发展而转职或者身兼数职也变得非常普遍了。

我们可以选择自己喜欢的工作,甚至可以自己决定工作的模式。既可以因为某个工作不太适合自己而跳槽到相同行业的其他公司,横向积累职业经验,也可以同时干好几个工作,所谓的平行工作,甚至干一个副业等,这些类型都是可能的。

当然,还有像我这样曲线靠近自己理想方向的类型。尽量把自己的工作观转变为"工作就是生活"吧!

划重点

- 作为生活手段的工作已经落后于时代。
- 将价值观从"为了生活而工作"转向"工作就是生活"。

日常的烦恼

第七位

没有兴趣爱好，休息日只会睡觉

平时工作忙碌，休息日我累得光睡觉，干什么事情都没有力气。我也没有什么拿得出手的兴趣爱好，甚至觉得自己这样无趣的人活着真的没意思。

（30多岁的男性）

我也同样喜欢睡觉！

 引人注目的兴趣爱好并不等于充实的人生

休息日一味睡觉，是这么糟糕的事情吗？

其实我也喜欢睡觉，真的是睡得很多。就拿去年年底来说，12月工作也比较忙，在过年的前后六天的休息里，我日夜几乎都在睡觉。

当然，吃饭上厕所还是要去的，但是基本上是一直在睡觉。虽然这有点对不起家人，但是因此疲劳得以解除。啊，我真的是喜欢睡觉啊！

但是，你的心情我也十分理解。

你是想，如果有个野营呀、参观美术馆呀之类可以简单向人介绍"这是我的兴趣爱好"的兴趣爱好就好了吧。充满活力的、引人注目的、优雅的、充实的业余时间……如果有一个这样的兴趣爱好的话，人生应该会很充实。

但是，这大多是幻想。

我可以断言，是否有兴趣爱好，它的内容并不能决定你人生的充实程度。

看法会随着状况改变

人们看待同一个事物，有很多个角度很多种看法。"没有什么拿得出手的兴趣""我喜欢睡觉"之类的事情，随着情况的改变，人们也会发现它的价值。

特别是近年新冠肺炎疫情流行期间，对于室内活动有兴趣的人，甚至说没有兴趣爱好的人更能够安心度过。如果不巧有一个充满活力的兴趣爱好的话，那么总是不能出门会积累压力。

在这个意义上，以睡觉为兴趣的人，就不会有压力。爱在家待多久就待多久，减少的外出时间，可以花费在睡觉上。

这么想的话，以有没有兴趣爱好、是否有拿得出手的兴趣爱好这种二元论来判断是毫无意义的。更别说用兴趣爱好来判断人生的充实程度，不用把没有兴趣爱好和无趣的人画上等号。

落差是一种魅力

再加一句。我个人非常喜欢平时拼命工作，休息日就会不得劲，上班与下班的状态也很不相同。

世界上也有像某些演员这样，即使在摄影机不可能对准自己的时候或者私人时间也一直保持着高度兴奋状态的人。但是我总觉得这样的人，哪里有些不太对劲。因为我觉得人是一种"虽然社交广泛但是有点害羞""充满活力但是也绝对需要一个人独处的时间"那样同时拥有略微矛盾两面的生物。

没有必要一直保持一种姿态或兴奋程度，相反，我认为要珍惜自己这种相矛盾的部分。

这么说来，我有一个朋友，是一个偶像宅。在我眼里，偶像宅都是一些非常忠厚老实的人，但这个人却非常开朗有趣。

当然，并不是说因为是偶像宅所以必须忠厚老实，而是说，因为这个人给了我一点意外的印象，这一点成了那个人的魅力。

不仅仅是这位朋友，有落差的人，特别是落差很大的人都非常吸引我。这让我感觉到作为人的深不可测，器量之大。

"落差"是一种魅力，也是一种应对能力较强的表现。因此，你保持现在的自己就可以了。

划重点

- 休息日什么事都不干只睡觉，没有任何问题。
- 人生的充实程度并不取决于是否有兴趣爱好。
- 珍惜自己矛盾的一面。

日常的烦恼

第八位

有想做的事情，但是没有时间

　　我看到同龄的创业成功的朋友以及成功人士，就会非常羡慕他们有时间真好。我也想过，如果有时间就创业，但是现实情况并不允许我这么做。

（30多岁的男性）

要看看这是优先顺序的问题，还是出于现实逃避的原因？

 这真的是你想做的事情吗？

有很多人觉得自己想做一件事但是没有时间。工作往往集中到忙碌的人这里，所以越是真的忙，越难以找出空余时间。然而，如果是为了真真正正想做的事情，不管怎样都能挤出一丝丝时间吧。比方少睡一点觉、少玩一会儿，因为这是你最重要的"意愿"。

如果是觉得没法努力的话，那有可能是因为内心并没有把它列为非常想做的事情。那就只是优先顺序的问题。然而，经常把"我想做这个但是没有时间"挂在嘴边的人，有可能是逃避现实的愿望的表现。比方说是因为接受不了某件事情而用"其实我有想做的事情"来逃避。

现实可能没有那么夸张。如果是感到自己过于繁忙、身心俱疲，那就好好休息，寻找一下状态。

划 重 点

- 如果真的有想要做的事情，那就想办法挤时间吧！

日常的烦恼 第九位

忘不掉一些气人的事情

我的工作是销售与接待。前几天，同事犯了个错，导致顾客涌到我们店铺，正好我上班接待顾客，就挨了很多骂。虽然不是我的错，但是这种怒气我不知道该如何消化，即使过了几个星期，每每想到这件事就生气，我忘不掉……

（20多岁的女性）

你没有错，真的是遇到了过分的事情

 将愤怒升华的方法

从"这对我的成长是否有用"的角度去思考非常不愉快的回忆。

比如说你拼命想出来的点子，却被领导一句话就否定了。这本身是一个让人不甘又有点生气的事情。但是，如果这能激励自己更加努力的话，也可以看作是帮助了自己成长。

另一方面，也会发生单方面受害的事故、公认是运气不好而发生的没有缘由的事情。这次你咨询的就是这样的事情。把大脑的记忆、思考时间用在这种无厘头的事情上是浪费。请你坚定地对自己说，"绝对不是我的问题"，即使这样做依然还介意的话，就找个朋友聊聊，让别人来告诉你"那可真是个灾难""你没错！"如果有机会，我也会说，你没有任何错！要是我遇到这样的事情也会生气，是对方不好！

这样的做法虽然简单，但是非常重要。

划重点

- 从"这对我的成长是否有用"的角度去思考，然后把它忘记。

日常的烦恼 **第十位**

难以入睡

我从钻进被窝到睡着需要花很长时间。躺在床上的时候,工作上担心的事情就会涌上心头,更加睡不着了。希望自己快点睡着但是没睡着,就非常焦虑,越焦虑就越不容易睡着……

(20多岁的男性)

如果觉得睡不着就马上起床吧

 等到犯困再钻被窝

很多人睡不着的时候，会在被窝里躺着，我并不推荐这种方法。被窝里原来是安心安全的"可以睡觉的地方"，但是总是睡不着的话，在潜意识里被窝就变成了"睡不着的地方"。

如果觉得睡不着就干脆起床。然后，既然起来了就做点什么事，看看书，听听音乐之类的（但是，要避免上网、做运动之类有明显提神效果的活动）。

人不可能一直睡不着，总会有犯困的时候。到那时候再钻被窝睡觉吧！

除此之外，还有很多人有"没感觉自己睡着过""早上很早就醒了"之类的关于睡眠的烦恼。这有可能也是精神问题，如果介意的话请找专业的医生咨询一下。

划 重 点

- 困了再钻被窝。

日常的烦恼
前十位

第一位 | 为了一点点小事就焦躁不安

↳ 无缘无故发火,
有可能是因为内心没有余裕。

第二位 | 不知道怎样才能好好休息

↳ 在休息日,刻意慢悠悠地、仔细周到地工作。

第三位 | 休息日也因为介意工作不能安心休息

↳ 通过"元认知"客观看待不安的原因。

第四位 | 太忙了,无法放空自己

↳ 设立"短期目标",经常感受成就感。

第五位 | 家并不能给我安心感

↳ 和家人商量一下想要如何度过在家的时光。

第六位 | **想到年过六十还要继续工作就很郁闷**

　　将价值观从"为了生活而工作"
　　转向"工作就是生活"。

第七位 | **没有兴趣爱好,休息日只会睡觉**

　　人生的充实程度并不取决于
　　是否有兴趣爱好。

第八位 | **有想做的事情,但是没有时间**

　　如果真的有想要做的事情,
　　那就想办法挤时间吧!

第九位 | **忘不掉一些气人的事情**

　　从"这对我的成长是否有用"的角度去思考,
　　然后把它忘记。

第十位 | **难以入睡**

　　困了再钻被窝。

专栏

给不愿意去精神科门诊的你

 希望把精神科门诊打造成更轻松的场所

"精神科"听上去有点可怕。"精神科门诊"给人的感觉可能稍微柔和一点,但是依然让很多人觉得有点难以接近。

我的愿望是,人们能够轻松地走进精神科诊所,把心理咨询看成理所当然的事情,我希望推动社会朝这个方向发展。

为什么这么说呢?打个比方,人在感冒前都会感到一些预兆,比如总觉得喉咙不舒服,人很疲倦,或者有点发烧之类的。相似地,精神疾病也是有前兆或者预感的。虽然每个人的症状不一样,比如头发沉、心情不愉快之类的。

对于这种"觉得不舒服"的感觉、预感置之不理是令人不快的。如果是小感冒的前兆的话,那么回家好好休息就能恢复,明显不能自行恢复的话就要去医院寻求专家的帮助了。精神方面的疾病,也是相似的。

能意识到自己哪里不对劲是非常好的事情

在我的诊所，我遇到很多前来咨询但是最后诊断并非疾病的人。他们听到诊断结果都会松一口气，最后说着"太好了，太好了"离开诊所。

这些人都是想着"我这个症状肯定是某某病""我情况这么不好，说我没生病我还真不能接受"。但是当他们认识到，这样的想法会使得情况更加糟糕以后，就表现出松了一口气的样子。

那么，好不容易鼓起勇气前来看病，是白费工夫了吗？并不是。感到哪里不对劲往往是疾病的征兆，意识到自己哪里不对劲可谓是自我扫描能力之高的表现。

一旦意识到有令人不安的征兆，万一放任不管真的生病了的话就麻烦了。所以，去医院看一下，确认一下是不是生病，这是非常重要的一点。没有比一直无视自己身体不对劲的征兆，或者没有注意到疾病更危险的事情了。

 如果想要看精神科医生，首先要做的事情

"想要去看看精神科医生"，如果你这么想的话，首先向公司的职业健康医师打听一下推荐的诊所吧。也可以自己从零开始找，但是其实，找到好的诊所，是和找到恋人一样非常困难的事情。

很遗憾的是，现在有些医生的医术并不高明。而且，与其他类型医院不太一样的是，精神科医生和患者是存在是否合得来的因素的。

我认为没有一个精神科医生可以应对所有人。医生个人也有是否擅长治疗的疾病,性格是否相合,也是很大的因素。

在这个意义上,我认为与其从零开始自己找,不如向对其他医生比较熟悉的职业健康医师打听来得快。

当然,如果在没有职业健康医师的公司工作的话就做不到这样了。即使有,也有可能像过去的我那样,遇到说"请你自己去找诊所"的话这样的人。

  如果能找到合得来的精神科诊所,那就找到了一生的"伴侣"

有人会觉得好像自己就是有点不舒服,要找到合得来的精神科医生有点困难而放弃。

的确,这是一件困难的事情。但是,人不也要找恋人吗?找到合得来的恋人也很困难,但是找到了的话非常开心,自己的人生也会得到极大充实吧。精神科医生也是这样,虽然不能和恋人相提并论,但也是伴随在你身边的理解者、人生的陪跑人、守护者。

这样的人,找到要比没有好很多吧。有这样的人在也会很安心。没事的时候没有必要依靠精神科医生,但是如果有事的话,精神科医生会伸出强有力的援助之手。即使你患上了非常严重的精神疾病,找到合得来的精神科医生之后,我认为有可能快速痊愈。

不过,支持你的人,并不一定必须是精神科医生。身边的人也可以充当这种角色。但是,正因为距离太近所以不想说给这个人听或者说不出口,这种事情也是很多的。

在这一点上,完全的第三者是令人安心的。咨询师、精神科医生之类的人对人的心理活动非常了解,也掌握大量的事例,他们能够客观且包容地理解你,是非常好的存在。

如果身边没有合适的人,那么以防万一,事先联系好合得来的精神科医生也是不错的选择。

最后的话

 把想说的话真切地传递给对方

在面谈、诊疗的时候,我注意到的是"把想说的话真切地传递给对方"这件事情。

之前提到过,我以前说话速度很快,我有意识地降低自己的语速,是因为我认为这样能够把话更清楚地传递给对方。我的内心也有时间慢慢推敲用词与内容,对方也确实能听清我说的话。

慢慢说话,相应地传递的信息量就没法很多。正因如此,经过精心选择的内容与反复推敲的词汇才能够切实地传递给患者。

给患者提供最好的选择,与患者一起考虑最好的方案。

对于状态不太好的人来说,给他们大量的信息,给出广阔的选择范围,都不能说是一种体贴的行为吧!

医疗用语中英语词汇很多,我尽量避免。可以想象,如果我说"服药的 compliance(依从性)不好所以病情不能 steady

（平稳）"，那么患者一定会想，什么？这是什么意思？

这句话的意思是，"不好好按时吃药的话，状态就不能稳定"。如果是我就会换成这样的表达："虽然不一定要在晚饭后服药，但是睡前一定要把药吃了哦。"这样患者就能听从我的话。

珍惜语言

每个行业都有用英语、外来语，而且说话说得很快的人。我抱歉地说一句，我不太喜欢这样的人。总觉得有种被他们欺骗的感觉，我思考的时间被他们夺走，他们也没有对对方的照顾之心，不会用心去推敲用什么样的话才能说到对方心坎里。

真正聪明的人不使用晦涩的专业术语，这也是我的原则。不用一些看上去非常光鲜而空洞的词汇，而用那些能够激发对方想象力的、简单朴素的词汇来说话，我想成为这样的人。

这么说来，我虽然没有成为曾经梦想的广告文案，但是本质上依然是一个非常重视语言的人。

不仅是词语的选择,通过把握抑扬顿挫、音量、说话的时间点来将自己想说的话传递给对方。对我来说,没有比这个更让人欢喜和自豪的了。

 我在做的只有两件事

这次通过写这本书,我发现自己在面谈、诊疗过程中只做了两件事。

第一,帮助对方发扬优点;
第二,挖掘并展示对方没有意识到的地方。

在本书中,"元认知"数度登场。这是一种用另外一个自己客观看待自己的认知感觉。如果能做到这一点,那么意识就会渐渐注意到那些以前不曾注意到的点。

但是过度思虑而陷入精神失调的人很难意识到这些。因为状态不好,视野变得狭窄了。

我的工作就是告诉这些人,"这么看也是可以的""那么想你觉得怎么样",提供新的视点与切入点。那些点,有时候就是对方都不曾注意到的"自己的优点"。

这样,我帮助对方进行"元认知",经常能看到对方豁然开朗的表情,仿佛是突然惊醒的样子。这种人心的微妙之处,就是人生的润滑油。人通过累积这样的瞬间得到成长,体验到了人生的乐趣。

陪伴各种各样的人经历这样的瞬间与过程,对我来说有无上的愉悦,因为这些瞬间赋予了他们工作价值,甚至人生价值。

写了很多好像是自我吹捧的话,但是在这本书的写作期间,我的脑海中始终回荡着自己的元认知:"喂喂,尾林,你有点太得意了。"被自己这么批评,我的内心又有点羞耻惭愧。

但是,我想说的已经写在这本书里了。

希望这本书能够对我所尊敬的所有的打工人有所帮助。

精神科医生、职业健康医师
尾林誉史

图书在版编目（CIP）数据

浮世烦恼 /（日）尾林誉史著；张铃译. —— 北京：中译出版社，2022.6（2022.10 重印）
ISBN 978-7-5001-7071-6

Ⅰ. ①浮… Ⅱ. ①尾… ②张… Ⅲ. ①人生哲学 Ⅳ. ①B821

中国版本图书馆CIP数据核字(2022)第079221号

京权图字：01-2021-5552

SENSEI! MAINICHI KEKKO SHINDOI DESU. MOTO SARARYMAN SEISHINKAI GA MINNA NO MOYAMOYA NI KOTAETEMITA
© TAKAFUMI OBAYASHI 2021
All rights reserved.
Originally published in Japan by KANKI PUBLISHING INC.,
Chinese (in Simplified characters only) translation rights arranged with KANKI PUBLISHING INC., through Shanghai To-Asia Culture Communication Co., Ltd.

Simplified Chinese translation copyright © 2022 by China Translation & Publishing House

出版发行 / 中译出版社
地　　址 / 北京市西城区新街口外大街 28 号普天德胜大厦主楼 4 层
电　　话 / 010-68359719
邮　　编 / 100088
电子邮箱 / book@ctph.com.cn
网　　址 / http:// www.ctph.com.cn

策划编辑 / 刘香玲　张　旭
责任编辑 / 刘香玲　张　旭
营销编辑 / 毕竞方
版权支持 / 马燕琦　王立萌
装帧设计 / 柒拾叁号工作室

印　　刷 / 北京中科印刷有限公司
经　　销 / 新华书店
规　　格 / 880毫米 × 1230毫米　1/32
印　　张 / 7.5
字　　数 / 120千字
版　　次 / 2022年6月第1版
印　　次 / 2022年10月第2次
ISBN 978-7-5001-7071-6　定价：59.00元

版权所有　侵权必究
中 译 出 版 社